SOLUTION

DU

PROBLÈME SOCIAL

PAR

LES RÉFORMES ÉCONOMIQUES

PAR

E. CHAMOIN

Avec une Préface de M. CHARONNAT,
député de l'Aube

TROYES

IMPRIMERIE DU PETIT TROYEN
126, rue Thiers, 126

1889

SOLUTION DU PROBLÈME SOCIAL

PAR

LES RÉFORMES ÉCONOMIQUES

SOLUTION DU PROBLÈME SOCIAL

PAR

LES RÉFORMES ÉCONOMIQUES

SOLUTION

DU

PROBLÈME SOCIAL

PAR

LES RÉFORMES ÉCONOMIQUES

PAR

E. CHAMOIN

Avec une Préface de M. CHARONNAT,
député de l'Aube

TROYES
IMPRIMERIE DU PETIT TROYEN
126, rue Thiers, 126

1888

LETTRE DE M. CHARONNAT

Député de l'Aube

———————+×+———————

Monsieur Chamoin, à Bernon,

J'ai lu, avec un vif intérêt, l'étude que vous m'avez fait l'honneur de m'envoyer, et que vous vous proposez de publier, sur les vices organiques de notre état social et les réformes qui s'imposent à notre régime démocratique.

Je me hâte de vous dire, puisque vous voulez bien me demander mon appréciation, que je donne mon entière approbation à votre travail.

Sans doute, certains points que vous avez touchés, certaines questions que vous avez soulevées, peuvent, à raison même de leur importance, de leur complexité, de leurs conséquences, donner lieu à de grosses discussions et à de nombreuses controverses ; mais, si les hommes les plus dévoués à la démocratie peuvent différer d'avis sur les voies et moyens à employer pour aboutir aux réformes qui sont la

conséquence nécessaire, forcée, du gouvernement du Peuple par le Peuple, *il n'en est pas un
seul qui oserait en nier l'urgence, et contester
la nécessité absolue de les réaliser sans re-
tard, au mieux des intérêts de la démocratie.*

*Jusqu'à cette heure, la République a vécu
avec les institutions que nous ont léguées les
anciens régimes ; aussi n'existe-t-elle que de
nom. Au fond, elle n'a cessé d'être une monarchie déguisée, une espèce d'oligarchie conser-
vant précieusement, pour en bénéficier, les abus,
les privilèges, les faveurs, les iniquités de toute
sorte qui sont le plus bel ornement des gouvernements despotiques.*

*Il est grand temps que la République fasse
peau neuve, et remise au musée des antiques
les défroques surannées dont l'a affublée l'assemblée réactionnaire de Versailles. Elle ne
deviendra une réalité, c'est-à-dire qu'elle ne
produira* toutes ses conséquences logiques et
pratiques, *que le jour où elle sera* dotée d'institutions démocratiques.

*Hâtons-nous donc de remplacer la Constitution
monarchique qui nous régit par une Constitution républicaine, et d'introduire dans nos lois
administratives, financières, militaires et judiciaires, les réformes politiques, économiques et
sociales indispensables au libre fonctionnement
d'un gouvernement qui repose sur le principe
de la souveraineté nationale.*

Oui, ces réformes sont urgentes, car tant qu'elles n'auront pas pour base inébranlable les trois piliers édifiés par la Révolution française: la liberté, l'égalité et la justice, la République sera frappée d'impuissance. L'arbre géant de la démocratie, aux rameaux séculaires aux racines immenses et profondes, ne demande qu'à produire des fruits, mais il lui faut la sève qui vivifie et la chaleur qui féconde. Le suffrage universel, seul, peut les lui donner l'une et l'autre.

C'est au suffrage universel, en effet, qu'il appartient de rendre possibles les réformes vitales qu'attend la démocratie, en envoyant au Parlement une majorité d'hommes énergiques, résolue à les voter, et en refusant impitoyablement la confiance à ces pseudo-républicains, dont les actes sont toujours en contradiction avec les paroles, et qui, au fond, ne sont que des réactionnaires d'autant plus dangereux qu'ils se couvrent la face d'un masque hypocrite.

Les considérations que je viens d'exposer rentrant dans l'ordre d'idées qui a présidé à la conception et à l'exécution de votre ouvrage, je suis entièrement d'accord avec vous sur la cause du mal social dont nous souffrons, et sur le remède à y apporter.

J'applaudis donc, des deux mains, à votre publication; et j'ajoute que la période politique

IV

que nous traversons lui donne un intérêt particulier d'actualité, qui, joint au mérité intrinsèque de l'œuvre, ne peut manquer d'en assurer
le succès. J'ai la certitude que les félicitations
et les encouragements des républicains sincères
ne vous feront pas défaut, car tous comprennent à merveille, qu'éclairer le suffrage-uni-
versel, c'est servir la cause de la démocratie
et hâter l'heure de son triomphe définitif.

Quant à moi, je vous envoie dès aujourd'hui
mes félicitations et mes vœux, avec une cordiale
poignée de main.

CHARONNAT,
Député de l'Aube.

AVERTISSEMENT

Je n'essaierai pas, dans ce travail sur les institutions actuelles, à faire devant le public étalage d'une érudition que je ne possède pas, mais j'exprimerai, en toute franchise, mes opinions relativement aux grands problèmes que comporte l'étude de l'organisation économique et politique de nos institutions, et j'essaierai d'indiquer les lacunes qui existent encore dans nos lois sociales.

On peut bien avancer que, jusqu'ici, la polique a été exploitée par les plus habiles, et, pour ne citer qu'un exemple, par les orateurs du barreau devenus tribuns du peuple. Ces habiles politiciens, peu versés dans la science des intérêts, mais sachant revêtir leurs idées creuses de phrases à effet, ne peuvent être des hommes de progrès.

Sous les différents régimes, où les hommes que je désigne ont eu une influence prédominante, les institutions sont restées stationnaires. Le peuple n'a guère trouvé de satisfaction, qu'il soit sous la République ou sous la Monarchie. Il n'y a cependant que sous un régime républicain qu'on puisse espérer le triomphe des programmes rationnels et des réformes pratiques.

Qu'il se trouve dirigé par un fantoche du droit divin ou par un monarque constitutionnel, le peuple, toujours rivé à la chaine, est resté dans le néant et dans la nuit. Maintenant qu'il tombe dans un régime qui repose sur des compétitions perpétuelles, duquel la bonne foi politique est exclue, où l'on voit des représentants qui font à la Chambre le contraire de ce qu'ils ont promis dans leur profession de foi, le peuple restera encore dans une condition inférieure.

C'est le spectacle qu'offre encore aujourd'hui notre pays.

La question du capital et du travail n'est pas encore tranchée, et semble rester à l'état de rêve. Ce n'est pas la démocratie qui gouverne ; mais une nouvelle aristocratie aussi aveugle, aussi orgueilleuse que l'ancienne noblesse. La noblesse de race est remplacée par la noblesse d'argent.

Il n'est pas difficile de conclure qu'il y a plus d'un vice dans notre organisation sociale.

Mais, où donc trouver le programme dont la réalisation amènerait le soulagement de la misère et l'avènement de la justice ?

On peut affirmer, avant tout, que ce programme doit se rattacher à la science sociale, à la philosophie pratique, afin d'assurer le progrès et le bonheur de l'homme.

On peut partir de ce principe qu'une nation, sous le régime de l'aristocratie, est fatalement vouée au despotisme. La liberté ne peut exister sous un régime qui est le mépris de la justice et du droit. La Révolution de 1789 a détruit ce régime, mais incomplètement. Nous pouvons dire que nous avons détruit la Bastille, renversé la Monarchie et proclamé la République, mais cette République n'a pu arrêter ni le plan ni la formule de l'ordre nouveau.

Après quatre grandes révolutions, cinq changements de gouvernement, nous avons encore un régime parlementaire qui se nourrit des anciens abus, s'abreuve d'intrigues, de favoritisme, tourne sans cesse autour du pouvoir.

La noblesse a été remplacée par la bourgeoisie, l'aristocratie financière a été substituée à l'aristocratie de naissance, les mêmes abus d'autrefois sont revenus. Il est singulier qu'une République fonctionne avec les mêmes rouages que ceux d'une royauté ou d'un empire.

Quels sont donc les obstacles qu'il faut abattre et ce qu'il faut édifier pour les remplacer ?

Ce qu'il faut abattre, ce sont les anciens préjugés qui existent encore, les abus qui se perpétuent dans notre organisation sociale.

Ce qu'il faut édifier, c'est le régime du travail, les institutions franchement libérales.

Dans le travail que je soumets au public, si je me suis risqué parfois un peu trop précipitamment dans les questions profondes qui guident la destinée humaine, j'aurai du moins pour excuse l'excès d'amour que je ressens pour le bien-être de notre société.

Voici sur quels principes généraux je me suis appuyé :

1° La liberté conçue comme fondement et comme substance de l'histoire civile ;

2° L'ordre moral qui doit dominer le chaos des évènements ;

3° Le règne de la science et de l'humanité placé au-dessus du règne aveugle de la nature.

Tes étincelles brillantes, ô divine liberté, ne sont pas éteintes dans tous les cœurs. J'ai souffert pour ta foi et combattu pour ta cause. C'est à toi que j'ose dédier ce livre, en cherchant la vérité, sans étalage pompeux d'éloquence.

J'essaierai de traduire, avec clarté, méthode et simplicité, les pensées sereines dont mon esprit est rempli, et de développer les vérités que la raison m'indique et me dévoile, et de mettre au jour ces sentiments nés dans les premières années de ma jeunesse et que j'ai renfermés jusqu'à ce jour dans mon cœur.

CHAMOIN.

SOLUTION

DU

PROBLÈME SOCIAL

PAR

LES RÉFORMES ÉCONOMIQUES

CHAPITRE Ier

DU PRINCIPE DE LA DÉMOCRATIE

I. — LES PRÉCURSEURS DE LA DÉMOCRATIE

Ce livre a surtout pour but de mettre en lumière les droits et les devoirs du peuple, et de placer à la portée de tous les principes vrais et pratiques qui peuvent contribuer au bonheur du genre humain, à l'aide du perfectionnement des mœurs et des institutions démocratiques, dégagés de la superstition et des préjugés, héritage des vieilles sociétés.

Il faut, comme régime, une République humanitaire.

Son but doit être l'extinction du paupérisme, la mise en pratique du sentiment de fraternité, la suppression de la misère physique, intellectuelle et morale.

La démocratie ne doit pas admettre une société dans laquelle les uns ont tous les droits sans devoirs, et les autres tous les devoirs sans droits.

Nous ne pouvons supporter la pensée qu'une partie des membres de la société, servent de litière aux classes bourgeoises et aristocratiques. Nous demandons, que par le travail de la terre ou de l'atelier, l'homme jouisse de tous les bienfaits que la nature attache à l'existence. Il faut que l'état social ne puisse être fondé que par des lois justes, pleines de mansuétude pour les plus faibles.

L'organisation des pouvoirs publics doit répondre à tous ces *desiderata*.

L'agriculture, pivot de la vie sociale, doit être rémunérée suffisamment pour que le plus grand nombre de citoyens s'y adonne avec ardeur ; l'industrie, en France, ne devrait être que l'auxiliaire de l'agriculture et ne jamais être poussée au point d'absorber tous les capitaux circulants.

L'exagération manufacturière est le fait de la spéculation et du jeu des capitaux monétaires, dont l'annulation et l'accaparement cause tous les désordres de l'ordre actuel en concentrant tous les capitaux dans les mains des financiers indifférents aux sentiments d'humanité et sourds aux appels désespérés de l'agriculture.

Les progrès politiques, économiques, moraux, scientifiques, les institutions démocratiques doivent être l'objectif constant de nos représentants.

Le *socialisme*, tel que nous le comprenons, n'a pas d'autre but que celui-là.

Le mot socialisme a été répété tant de fois qu'il ne doit plus effrayer personne; il s'agit de lui assurer son véritable rôle, et qu'il succède directement à tous les systèmes des réformateurs des différentes époques qui ont eu pour but d'affranchir l'humanité des étreintes de la misère et de l'ignorance. Combien d'héroïques efforts n'ont pas été tentés depuis les réformateurs de l'antiquité jusqu'à nos jours.

Les utopies sociales ont leurs origines dans l'antiquité, et une filiation suivie rattache les théories contemporaines aux vieux systèmes. Zoroastre Confucius, Lycurgue, Solon, Platon commencent la série. Après Platon, Jésus et Mahomet.

Chez les Juifs, la secte des Esséniens n'était pas seulement une religion nouvelle, mais une société nouvelle, une tentative de République communiste, aux principes de laquelle Jésus avait puisé sa doctrine de fraternité.

Les réformateurs philosophes sont aussi nombreux. Il suffit de citer les principaux: Platon, Aristote, Descartes, Spinosa, Liebnitz qui sont de tous temps arrivés au sommet du savoir humain.

Et les réformateurs scientifiques : Michel Servet découvrit la circulation du sang que William Harvey a démontrée; Copernic, Galilée, Neweton ont réformé l'astronomie et prouvé la rotation de la terre; Lavoisier a réformé la chimie, Linnée et De Jussieu la botanique.

Si tous ces réformateurs convaincus n'ont pu vaincre les préjugés, ni supprimer l'abus des inégalités sociales, c'est que, dès que de tels hommes se lèvent pour demander une part en faveur des déshérités, ils voient aussitôt se tourner contre eux les riches, les puissants, les privilégiés. Aussi sont-ils presque toujours sacrifiés avant que leur voix n'ait pu parvenir au fond des consciences de ceux pour lesquels ils se dévouent.

C'est ainsi que, dans le Moyen-Age, une foule de penseurs furent égorgés, pendus, décapités, brûlés ou mis à la torture comme hérétiques ou réformateurs : Arnaud de Brescia, Jean Huss, Luther, les anabaptistes de Munster, les gueux de Hollande, etc., etc.

Dans les temps les plus rapprochés de nous, il faut citer comme réformateurs : Thomas Morus, Campanella, Hall, d'Alembert, Mably, Diderot, Voltaire, J.-J. Rousseau, qui ont préparé la grande Révolution de 89 par la critique des vieilles institutions et des vues nouvelles, et l'ont rendu inévitable.

II. — De la Révolution française

Les hardis novateurs que nous venons de citer, arrivés à la fin du dix-huitième siècle, ont semé les germes de la Révolution. Une révolution dans les idées devait d'abord se heurter contre ceux dont les intérêts étaient attachés à l'ancien régime.

Dans cette propagande faite par les philosophes et les encyclopédistes, les vieilles idées sur la constitution des États, sur les lois d'ancienne date ne résistèrent plus devant les critiques sévères d'un Montesquieu, et la superstition, qui fut une arme de domination dans les régimes monarchiques et ecclésiastiques, se brise sous les sarcasmes d'un Voltaire. Diderot consacre l'ère nouvelle de la science, et Rousseau, dans le *Contrat Social*, condamne d'un seul trait les institutions décrépites des vieux régimes en faisant l'apologie de l'état de nature.

Emportées par ce souffle d'idées nouvelles, les vieilles institutions économiques et sociales tombent en ruines.

Le besoin d'une vie nouvelle se fait sentir de toutes parts. Ce qui était considéré comme un droit, paraît alors une injustice. Le conflit entre les idées nouvelles et les vieilles traditions éclate dans toutes les classes de la société.

La conscience populaire s'insurge contre les scandales du temps et les iniquités qui se produisent chaque jour au sein des classes des priviligiés et des oisifs.

Le mouvement révolutionnaire finit par entraîner toutes les institutions d'un autre âge.

La Révolution, d'abord suscitée dans les provinces, aux cris : « Guerre aux châteaux, paix aux chaumières », se concentre dans la capitale. La Bastille est prise. Cette éternelle menace à la liberté individuelle est abattue.

La Révolution accomplit son œuvre; elle nous fait citoyens; elle donne l'égalité sociale et la dignité.

Mais, en même temps qu'elle nous rendait libres, elle créait pour nous une responsabilité; en même temps qu'elle nous conférait des droits, elle nous imposait le devoir de conserver toujours cette précieuse liberté et l'égalité sociale, et de les défendre contre les oppresseurs qui voudraient encore nous asservir.

En un mot, 89 a été le sacre de l'humanité.

93 arriva et pourrait être en quelque sorte une réplique.

Mais sans la Convention, tous les bienfaits de 89 seraient demeurés lettre morte; si elle n'était venue, par les armes et l'autorité, sanctionner les revendications du peuple.

Cette époque a été la plus importante depuis l'avènement du Christ ; la Révolution a été incomplète, soit, mais sublime ; elle a dégagé toutes les inconnues sociales ; elle a éclairé le monde ; elle a fait couler sur la terre des flots de civilisation, de bien-être moral et physique.

Un nuage s'était formé pendant 1500 ans et plongeait le monde dans les ténèbres ; au bout de quinze siècles, ce nuage a crevé, et de là se sont échappés des flots de lumière qui ont éclairé le monde.

Qui oserait encore faire le procès à ce coup de tonnerre ?

Oui, la Révolution a eu sa raison d'être ; elle était nécessaire à l'humanité. Sa colère est absoute par l'avenir ; son résultat, c'est le monde meilleur ; de ses coups les plus terribles, il est sorti une caresse pour le genre humain.

Les brutalités du progrès s'appellent révolutions ; quand elles sont finies, on reconnaît que le genre humain a été rudoyé, mais qu'il a marché.

La Révolution est l'ère des vertus sublimes, des immenses erreurs, des aspirations infinies et des égarements.

La date la plus mémorable de notre histoire nationale est 89, alors que s'accomplit en France la révolution politique et sociale la plus pacifique, la plus merveilleusement bienfaisante qui se soit rencontrée dans les annales d'un peuple qui conquiert sa liberté.

Certes, c'est une grande date, l'avènement d'un monde nouveau, l'émancipation intellectuelle, morale et matérielle de tous les élus, la lutte pour la vie également ouverte à tous.

1789 ! C'est l'aurore de la liberté, la préface de l'égalité.

Commencée comme toutes les révolutions, sous une tempête terrible, elle s'est montrée au monde comme l'ouragan qui déracine les arbres de la forêt et jonche la terre de leurs débris, mais qui purifie l'atmosphère gros de nuages ; elle s'est montrée comme la libératrice qui brise les fers ignominieux du despotisme. Elle s'est montrée aussi comme la lumière, comme la réparation des iniquités et des injustices, et, secouant la torche sacrée, elle a illuminé le genre humain d'une clarté qui sera la délivrance, parce qu'elle sera la liberté et la justice.

C'est la Révolution qui nous a pris quand nous étions des dispersés et des proscrits, pour nous rendre nos droits, pour nous donner l'égalité devant la loi. Elle a eu surtout pour mission de mettre fin à la tyrannie, c'est-à-dire la fin de l'esclavage pour l'homme, la fin de la prostitution pour la femme et de la nuit pour l'enfant.

En proclamant la République, elle a fait la liberté, la fraternité.

III. — Des Droits et des Devoirs

L'état social doit avoir surtout pour but de permettre aux hommes de s'entr'aider dans l'accomplissement de leurs devoirs et dans la jouissance de leur droits.

Mais il faut que nous connaissions également nos droits et nos devoirs pour défendre ceux-ci, et pour accomplir ceux-là ; autrement nous ne sortirions pas du despotisme.

Il faut bien se pénétrer de ce qu'il y a de dangereux de parler au peuple de ses droits sans lui parler de ses devoirs, combien il importe de défendre les uns avec fermeté et d'accomplir fidèlement les autres.

Car sans devoirs, qu'est-ce que l'homme :

Une espèce de sauvage isolé dépourvu de toutes relations sociales, de sympathies, d'affections, resserré en lui-même, une bête de proie et vivant aveugle dans la vie solitaire, poussé à la rapacité par la faim et dormant quand il est repu.

Et sans droits :

Il est l'instrument de la collectivité, le domestique, la bête de somme des classes dirigeantes, leur devant une obéissance passive, et une soumission complète.

Est-ce que, à cette seule pensée, nous ne sentons pas notre âme se soulever d'indignation ? Nous, la plus noble créature de la nature, nous devons être tous égaux et non divisés en maîtres et esclaves.

Il n'y a pas plus de droits sans devoirs qu'il n'y a de liberté sans responsabilité.

***

Pour que les hommes puissent remplir leurs devoirs et jouir de leurs droits, deux conditions sont indispensables : la première c'est qu'ils soient libres ; la deuxième c'est qu'ils le soient tous également.

Les deux bases fondamentales de la société sont donc la liberté des membres qui la composent et l'égalité entre tous.

La liberté se compose de deux éléments distincts : l'intelligence et la volonté, l'intelligence qui conçoit ce qu'il faut faire, et la volonté qui l'exécute.

La volonté est une force aveugle, tant qu'elle n'est pas guidée par l'intelligence qui seule possède la lumière.

La liberté est l'essence même de l'homme ; c'est elle qui constitue sa personnalité, qui le distingue des autres créatures et le fait homme.

Ce serait la gloire du gouvernement républicain de provoquer l'exercice des vertus les plus nobles ; le patriotisme sans profit est une chimère et la liberté ne serait qu'un frêle édifice si elle n'était fondée sur la lumière et la vertu.

Tous les hommes naissent égaux, par conséquent indépendants les uns des autres; nul, en venant au monde, n'apporte avec soi le droit de commander; si chacun originairement était tenu d'obéir à la volonté d'un autre, il n'existerait point de liberté morale ni de choix libre dans les actes.

Les lois morales et humaines doivent être les mêmes pour tous les hommes. Une législation, qui permettrait aux uns ce qu'elle défendrait aux autres, qui imposerait à ceux-ci des obligations dont elle dispenserait ceux-là; ou qui accorderait à une partie de la société des droits et des privilèges qu'elle refuserait à l'autre partie, est une législation fausse, basée sur l'iniquité et l'arbitraire.

La liberté, cependant, doit avoir des limites; elle est le droit de l'homme, elle doit le limiter par son devoir qui est de respecter celle des autres.

Les droits et les devoirs de la liberté sont inscrits d'abord dans la loi morale que la conscience révèle à chaque homme, puis dans les lois sociales et humaines qui sont destinées à faire respecter les droits et les devoirs de chacun. La liberté est légitime à la condition de rester strictement dans son droit de justice et d'égalité.

L'égalité devant la loi est la condition et la base fondamentale de la liberté.

Aussi l'égalité et la liberté sont donc attributs essentiels, indispensables au bonheur de l'homme dont les lois sont constituées et inabrogeables.

***

IV. — L'Union et la Discipline

Il nous faut un gouvernement démocratique; aucun autre ne peut répondre aux besoins de la France.

La République doit être le gouvernement de tous par tous.

Ce gouvernement nécessaire, il est impossible qu'on n'arrive pas à le constituer; les principes qui lui servent de base sont connus, la pratique s'établira peu à peu avec le temps et les réflexions qu'il amènera.

Les hommes eux-mêmes ne font pas défaut; il ne s'agit que de s'adresser à eux avec confiance et sincérité; on les trouvera résolus à faire triompher et à féconder la révolution qui doit s'accomplir dans notre société moderne, et à l'endiguer quand elle deviendra un torrent dévastateur.

Il n'est pas un de ces hommes, doués d'un chaud patriotisme et de convictions ardentes, qui n'aient découvert quelques-unes des lois qui préparent quelque voie nouvelle de la destinée humaine. D'où vient qu'ils n'ont fait lever çà et là que de faibles germes, éveillé que des sympathies improductives, engendré que des résolutions avortées ?

D'où cela vient-il ? si ce n'est des dissensions intestines, du manque d'union et de discipline de l'armée sociale.

Aujourd'hui, ces mesquines discussions n'ont plus de raison d'être, que le terrain est déblayé et que la place est nette.

Qu'on oublie les anciennes rancunes de partis, de coteries, de sectes. Les épithètes de bonapartistes, de royalistes, de républicains opportunistes et intransigeants ne sont que des prénoms, c'est le patriotisme, la fraternité, le sacrifice personnel au bien public qui sont les noms de familles, et que tous les hommes de cœur, d'ordre, vraiment soucieux de la prospérité, de la grandeur et de la dignité du pays, doivent reconnaître comme sacrés.

La haine des partis, les discussions stériles, doivent disparaître devant le sentiment national.

Le sentiment national s'entretient par la sécurité, la concorde, la discipline, la participation aux mêmes intérêts, à la même destinée.

Si le travail est menacé, si la liberté n'est pas respectée, les conditions de la vie sociale n'existent plus : là réside constamment la cause secrète de l'affaiblissement national.

Le sentiment national s'use nécessairement à chaque mutation gouvernementale, à chaque révolution nouvelle; pour cette raison une nation qui possède un gouvernement qui répond à ses instincts, a le devoir impérieux de le sauvegarder et de le conserver.

Les crises qui ne sont que politiques n'ont pas pour résultat immédiat de changer complètement l'état intérieur de la société.

Mais les crises sociales sont les maladies les plus dangereuses d'une nation, parce qu'elles indiquent un mal profond dans tous les éléments sociaux.

Pour éviter ces crises néfastes qui se produisent généralement dans les nations en décadence et qui se révèlent par la stagnation de la population, la décrépitude des classes élevées, l'ignorance des masses, le progrès des utopies révolutionnaires, en un mot, l'affaiblissement du lien naturel, il est alors absolument nécessaire de développer les sentiments de patriotisme et de conservation sociale, par l'instruction; d'organiser tous les pouvoirs publics librement en faisant appel à toutes les capacités, à toutes les intelligences, qui ont pour bases la sécurité, la dignité, la grandeur et la prospérité de la Patrie.

Que tous les cœurs vraiment français s'unissent pour le bien public. Nous croyons que l'heure a sonné où chacun doit prendre part aux affaires pour faire prévaloir les justes principes de 89 partout où la raison et le droit pourront leur frayer un chemin.

Un gouvernement s'effondre dans l'impuissance et le chaos, il n'aboutit qu'à la plus basse anarchie au dedans comme au plus cruel soufflet au dehors, quand il proscrit l'élite des intelligences et des talents, quand il a stérilisé toutes les valeurs qui lui portent ombrage et quand il a systématiquement limité à une seule poignée d'hommes l'accès des pouvoirs publics.

L'union, la discipline, l'esprit de sacrifice sont les plus grands moyens qu'un homme puisse proposer à une grande nation. La République sans discipline, fondée sur le hasard de l'anarchie, ne serait qu'une poussière sans consistance, que le premier souffle du dedans ou du dehors disperserait aux quatre vents de l'horizon.

Les nombreuses divergences d'opinions tiennent surtout à la diversité des préoccupations, à la différence des points de vue. Et cette divergence est plus apparente que réelle ; elle existe en surface partout, en profondeur jamais.

Il n'y a guère, socialement parlant, qu'une idée mère dans les esprits ; le problème à résoudre est toujours celui-ci : le plus de bonheur possible pour le plus grand nombre possible.

C'est sur ce terrain que doit se rencontrer tout homme d'Etat, tout écrivain, tout penseur.

L'union et la discipline sont les bases de toute société policée et aujourd'hui elle est plus nécessaire que jamais.

Pour que le progrès s'affirme, il faut rassembler dans un seul faisceau toutes les forces qui tentent de se désunir; il faut, jusqu'au triomphe définitif des idées libérales, se faire, sans apostasie de principe, de mutuelles concessions.

Comment peut-on penser que les groupes marcheront d'accord si chacun d'eux ne veut se départir de ses prétentions, si les uns et les autres persistent à réclamer l'intégrité d'un programme particulier et ne comprennent la conciliation que comme un moyen de soumettre ses voisins à ses idées; ce serait alors la négation de l'union et de la discipline.

Toute nation divisée en elle-même doit périr; cela est vrai du parti républicain plus que de tout autre, parce que la seule discipline qu'il soit capable de supporter est la discipline volontaire.

Il en résulte, en effet, que si les grandes et petites Républiques de l'antiquité sont tombées dans l'anarchie, le despotisme et l'esclavage, c'est que les peuples qui les formaient manquaient de discipline et d'union.

Il en ressort également que si les Jacobins, les Girondins et toutes les fractions de la première Révolution ont tiré la patrie d'un effroyable chaos pour la mener à la plus oppressive des dictatures militaires, c'est qu'après les grandes réformes qu'ils avaient faites d'un commun accord, ils se sont séparés les uns des autres.

Aujourd'hui plus que jamais, nous devons serrer nos rangs et bien nous pénétrer de cet esprit de solidarité qui a fait, en tout temps, la force des peuples et leur a donné le pouvoir de braver leurs ennemis les plus redoutables.

Ayons confiance en l'avenir, nous arrivons à l'heure des réformes profondes et réelles, et cette grande et noble puissance qui s'appelle la France ne tient-elle pas toujours dans ses mains le flambeau de la civilisation, de la fraternité et de la liberté qui éclaire le monde, le flambeau des généreux sentiments et des grandes idées et le souci que nous avons de notre honneur national ne permettra pas à des barbares de l'éteindre.

La République doit écarter ce qui nous divise et développer ce qui nous rapproche les uns des autres. Ce qui nous divise ce sont les inégalités, les ténèbres, les dogmes, les superstitions, les privilèges, les nombreux abus qui existent encore dans tous les rouages administratifs, en un mot les souvenirs de l'ancien régime. Ce qui nous rapproche ce sont les lumières de l'avenir : l'instruction gratuite, obligatoire à tous; l'accès pour tous aux grandes fonctions publiques par le concours et non par la faveur de la naissance et de la fortune; la juste répartition des droits et des devoirs, le travail suffisamment rémunéré, l'agriculture honorée et perfectionnée; l'industrie et le commerce protégés contre la concurrence étrangère.

CHAPITRE II

PRINCIPES DE L'ÉCONOMIE SOCIALE

I. — Différents systèmes sociaux Le Collectivisme

Nous sommes arrivés à un âge critique de l'esprit humain, à une époque de fin et de renouvellement.

La société ne repose plus sur les mêmes bases, et les peuples ont besoin d'institutions qui soient en rapport avec leurs destinées futures. Nous sommes semblables aux Israélites dans le désert. A peine échappés, comme eux, de la servitude, nous vivons sous la tente, comme eux encore, nous sommes nourris en quelque sorte de la manne du ciel, car le temps n'est pas encore venu d'avoir des moissons nouvelles.

La morale religieuse et la morale philosophique ont conseillé aux hommes de s'entr'aider les uns les autres, plaçant ainsi le devoir de chacun dans l'accomplissement libre de la charité, et laissant complètement en oubli la question du droit individuel.

Aujourd'hui, la science de l'économie sociale ne se borne plus à inscrire les prescriptions du devoir, elle nous montre le principe des droits de chacun ; ayant ajouté le droit au devoir, elle nous démontre que le respect de l'un et l'accomplissement de l'autre se trouvent dans l'équité et la justice de la répartition sociale des produits du travail.

Le travail prend dans la société moderne un rôle considérable. La richesse n'est plus seulement considérée comme due aux simples produits de la nature, produits qui, n'étant pas créés par l'homme, semblaient appartenir à qui s'était approprié le sol.

Cet état de choses soulève la question du droit dans un principe. Aujourd'hui que l'homme centuple l'action de la nature par le travail, la production due à ses labeurs se montre visible à tous les yeux. La société se trouve en face d'elle-même, cherchant quel est le droit réel de chaque citoyen, quel est le devoir de la société envers chacun de ses membres. La science de l'économie sociale répond : Au nom des principes les plus élémentaires de la morale et de la justice, tout homme naît avec le droit à la vie, et la société humaine est établie pour le maintien de ce droit. Elle démontre, en outre, combien il serait facile, si l'on ne violait la justice dans la répartition des fruits de la production, de placer tout être humain sous la protection des garanties sociales, de manière à ne plus laisser de déshérités dans la société.

Pourquoi ceux qui créent la richesse ne prennent-ils qu'une si faible part aux avantages dus à leurs labeurs? Il en faut chercher la cause dans la mauvaise répartition des fruits du travail. C'est là que gît le problème social à résoudre aujourd'hui.

De nombreux groupes socialistes révolutionnaires, indépendants les uns des autres, se sont donné pour mission d'étudier la question sociale à l'ordre du jour avec une louable persévérance; de donner ensuite à la société une organisation qui réponde à la justice, au droit, à l'indépendance et au bien-être moral et physique de chacun; mais, malgré la bonne volonté de ces hardis pionniers de l'humanité, la plupart des systèmes sociaux élaborés jusqu'à présent sont restés lettre morte.

Le plan d'une société future dans laquelle le bien-être serait recherché, a été de tous les temps le résultat des efforts ou des rêves de bien des gens.

Le phalanstérisme, avec sa théorie du travail agréable, a été un essai bien trop prématuré d'une organisation sociale dans laquelle les apôtres de l'école avaient cherché à établir une corrélation entre les nécessités du travail et le bonheur auquel chacun a le droit d'espérer également. Malheureusement, les idées mystiques de l'époque dans laquelle s'éveillaient déjà les solutions scientifiques, jetèrent la défaveur sur ces tentatives, qui étaient dignes d'être prises davantage au sérieux.

Le cabétisme fut un pâle reflet des théories' d'Enfantin appliquées aux communes et échoua piteusement.

Certes, le moment n'était pas venu pour les applications des théoriciens socialistes ; avant de bâtir, il faut déblayer, et ce n'est pas au milieu de notre société capitaliste et bourgeoise, qu'on puisse songer, avant de l'avoir fait disparaître, de construire rien de durable.

Nous ne voulons point passer en revue les différents systèmes socialistes qui se proposent de résoudre le problème de l'installation d'une société basée sur les assises d'égalité et de justice.

Nous nous arrêterons, pour citer un exemple du travail qui se fait dans la société moderne pour atteindre ce but, à donner une esquisse d'une société telle que l'entend l'école socialiste plus particulièrement désignée sous le nom de collectivisme. Le collectivisme est le plus sérieux des groupes révolutionnaires.

Ce système a été étudié par des esprits persévérants ; il y a dans ce jeune parti, au-dessus de la foule qui applaudit la phraséologie révolutionnaire sans y rien comprendre, de grands esprits, de puissants travailleurs.

Si ces hommes de valeur ne sont arrivés jusqu'ici à aucun résultat, c'est que le régime social qu'ils préconisent est en si grand désaccord avec les mœurs séculaires d'une société ignorante, composée d'exploiteurs, les plus nombreux, et d'exploités, les plus faibles.

Les collectivistes veulent transformer la société jusque dans ses fondements. Le régime économique actuel est fondé sur la libre concurrence et la liberté des échanges ; les collectivistes sont les adversaires de la concurrence et du libre-échange ; la protection est le fondement de leur système. Ils considèrent que c'est de l'abaissement des salaires, de l'avilissement de la main-d'œuvre, que résulte la concurrence entre les producteurs.

Pour faire cesser la concurrence, ils réunissent en un seul groupe tous les artisans d'une même industrie; ils organisent des groupes producteurs qui jouissent d'un monopole exclusif. Les membres de ce groupe ne sont pas des ouvriers salariés par un patron.

Les collectivistes sont les adversaires du salaire, qui est, selon eux, la forme moderne du servage.

Les producteurs sont associés ainsi, et le rendement du travail collectif est partagé proportionnellement au labeur de chacun. Ce partage proportionnel à la production de chacun, permettra la formation de petites fortunes, qui ne pourront pas s'accroître comme aujourd'hui, où un capital grandit de lui-même par le seul fait qu'il existe.

Toutes les industries spéciales seront monopolisées dans les groupes producteurs, et tous les services d'intérêts généraux, tels que: crédit, chemins de fer, mines, etc., seront monopolisés par la collectivité, c'est-à-dire par tous, sans qu'aucun particulier puisse fonder en face de ces services publics, une entreprise rivale. Le pourrait-il en droit, qu'en fait il ne le pourrait pas, car la loi collectiviste ne permet à aucun artisan d'accepter du travail hors de son groupe.

Dans la société collective, pas de grandes fortunes, donc pas d'oisifs; rien que des travailleurs qui se vendront les uns aux autres leurs produits et denrées.

Admettons une commune où il existe cent groupes producteurs. Eh! bien, dans cette commune, le groupe des cordonniers devra fabriquer assez de chaussures pour en fournir à tous les autres groupes; les chaussures seront payées en numéraire à la caisse de la cordonnerie, et cet achat servira à l'achat de toutes les marchandises, denrées, et tous les objets de consommation dont les cordonniers auront besoin. Il en est de même de toutes les autres corporations.

Si le collectivisme conclut à l'expropriation du détenteur du capital Terre et Argent, s'il réclame le travail en commun, il n'exclut ni le droit à l'existence pour les invalides et les incapables. N'étant qu'une des restrictions du socialisme, restrictions dans le sens économique, il ne tend à supprimer aucun des *desiderata* de l'intelligence, il ne veut que modifier l'état actuel et non le renverser complètement. C'est l'évolution des choses essentiellement vitales ; sa devise est contenue dans ce grand principe :

Le travail est le fondement du droit de propriété.

Dans le collectivisme, le parti ouvrier comprend les « possibilistes ». Leur théorie est peut-être plus pratique que les premiers et d'une réalisation plus prompte. Comme les autres collectivistes, ils admettent, eux aussi, l'évolution avant la révolution. Le parti possibiliste ne signifie pas seulement : affranchissement du travail, justice économique ; mais épanouissement harmonique de l'être humain. Il n'admet pas qu'on l'accuse de renverser ; il veut modifier, mais il ne fait point disparaître ! Il préconise l'évolution des choses les plus respectées : famille, religion, propriété ; évolution qui fait qu'elles revêtent telle ou telle forme, suivant les lieux et suivant les époques.

***

Un autre groupe, le communisme anarchique, qui n'a, du reste, que très peu d'adhérents, n'a aucune théorie spéciale. Ce groupe veut le bouleversement complet de la vieille société. Une société constituée sans pouvoir exécutif, dont les lois sociales émaneraient de la libre volonté des citoyens et qui, au lieu d'être l'émancipation humaine, serait, au contraire, la négation de la liberté. L'anarchie tuerait le travail, car, en éloignant le but, elle détruit l'ardeur à l'atteindre.

✻

Que serait cette société chimérique dans laquelle l'homme est obligé de travailler pour la communauté où il sera nourri, vêtu, entretenu par elle, dans laquelle on lui assignerait sa vocation.

Ce serait attacher l'homme à la glèbe de l'esclavage que de limiter sa propre ambition en lui assignant sa profession.

Condamner un homme à une vocation pour laquelle il n'aurait aucune aptitude, ce serait enchaîner l'émulation, arrêter le progrès des arts et des sciences.

Proposer à des travailleurs de s'abandonner à l'Etat, c'est préparer l'abaissement des caractères, l'affaiblissement des énergies, la dégradation des citoyens.

Le travailleur, qui prend la responsabilité de son existence, le soin d'élever et de nourrir sa famille, sent, dans la lutte pour remplir sa tâche, ses forces grandir, son intelligence s'aviver, et il vaut le double de celui qui s'abandonne.

L'homme libre, c'est la stabilité de la famille, la sécurité de la nation et de la société entière. Aimeriez-vous donc mieux voir les ouvriers s'amollir par l'imprévoyance que d'être forts par la prévoyance forcée.

Procurez aux hommes des moyens d'existence par le doux frein de l'association volontaire; organisez cette association par des moyens justes et équitables qui protègent les faibles contre les forts, et éloignez du peuple ce prétendu bonheur que présentent de dangereuses théories socialistes.

Est-on libre, est-on indépendant, quand on est étreint, brisé dans un pareil engrenage? La liberté n'existe pas naturellement; elle n'existe que lorsqu'un contrat supérieur, inéluctable, est intervenu entre les hommes, pour définir leurs droits et leurs devoirs, pour équilibrer leurs forces, en un mot, pour obliger les individus à reconnaître la supériorité juridique de la collectivité.

La liberté se développe avec la justice, la raison avec les garanties sociales qui doivent nous protéger tous, et dont nous avons tous un égal besoin; alors c'est la solidarité humaine qui s'affirme.

Tous les problèmes que tous les anarchistes se proposent de résoudre, les rêveries et les mysticismes écartés font partie intégrale de l'économie sociale, et peuvent être ramenés à ces deux problèmes principaux :

Premier problème : produire la richesse ;

Deuxième problème : la répartir.

La loi agraire croit résoudre le second, elle se trompe prodigieusement.

La répartition, comme elle la comprend, tuerait la production et l'anéantissement de la propriété individuelle abolirait l'émulation et par conséquent le travail.

Il est donc impossible de s'arrêter à ces prétendues solutions.

Tuer la richesse particulière, ce n'est pas la répartir.

Résolvez les deux problèmes.

Supprimez la misère, mettez un terme à l'exploitation injuste du faible par le fort ; mettez une fin à la jalousie inique de celui qui est en route, contre celui qui est arrivé. Démocratisez la propriété, et la fortune mobilière et financière ; non en l'abolissant, mais en l'universalisant, de moyen que tout citoyen sans exception soit propriétaire.

Produisez la richesse et sachez la répartir justement et nous aurons tous ensemble la grandeur morale et le bien-être matériel.

D'où vient le mal? Est-ce dans l'ordre matériel ? Est-ce de l'aisance des uns ?

Non, mais du dénûment des autres, de c
que, en vertu des lois faites par le riche, pou
son droit exclusif, il profite presque seul d
travail du pauvre, de plus stérile pour celui-c

De quoi s'agit-il alors? D'assurer au trava
ce qui lui appartient équitablement dans le
produits du travail même.

Il s'agit, non de dépouiller celui qui possèd
déjà, mais de créer une propriété à celui qu
maintenant est privé de tout.

Or, comment y parviendra-t-on?

Par deux moyens : l'abolition des lois d
privilège et de monopole; la diffusion des ca
pitaux, et le crédit mutuel qui rendra les ins
truments du travail accessibles à tous, e
associant le travail et l'habileté professionnell
au capital.

L'effet de ces deux moyens combinés ave
la puissance incalculable de l'association, se
rait de rétablir peu à peu le cours de la richess
artificiellement concentrée en quelques main
et d'en procurer une distribution plus égale
et plus juste.

II. — DE L'ÉCONOMIE SOCIALE

Les lois économiques ne sont pas des lois
faites par les législateurs d'une nation, lois auxquelles on doit se remettre et qu'on peut modifier suivant le milieu et le temps.

Les lois économiques sont au contraire des lois immuables qu'il n'appartient à personne de modifier et de méconnaître sans se mettre en guerre non seulement contre la société, mais encore contre la raison humaine, contre les idées généralement admises par tous les peuples civilisés.

L'économie politique est la science des lois qui régissent la production et la distribution des richesses, c'est-à-dire le travail, la propriété, le capital, le salaire, les impôts.

On peut se tromper sur la vérité dans l'ordre physique et naturel, le mouvement des astres, par exemple, sans que l'ordre de l'univers en soit troublé. Mais il n'en est pas de même de l'ordre moral et politique; ici une erreur devient inévitablement une cause de perturbation et on ne peut violer les lois fondamentales de la société sans aboutir au désordre, à l'anarchie, à la ruine.

Il est donc bien plus important de connaître les vérités sur lesquelles repose l'ordre social que les lois naturelles sur lesquelles reposent le mouvement des astres, afin que chacun y conforme sa conduite.

La société ne peut reposer sur des théories, elle ne peut avoir d'autre base que des principes vrais immuables et universels. Ce qu'il faut avant tout, c'est connaître clairement les principes sur lesquels repose actuellement la société, il faut apprendre des vérités comme celle-ci :

Le travail est une nécessité, un devoir pour tout le monde;

Celui qui ne travaille pas, vit aux dépens de ses frères;

Il faut savoir que le travail n'est pas seulement la source de la propriété, mais un moyen de parvenir à l'indépendance;

Que les machines facilitent le travail de l'ouvrier qui les crée; l'abondance, le bon marché, doivent aussi bien profiter à l'ouvrier qu'au patron;

Le salaire qui est le prix du travail doit s'élever en raison de l'abondance des capitaux que procure l'entreprise, par conséquent la fortune industrielle doit aussi bien profiter aux ouvriers qu'aux capitalistes;

Les éléments de toute production, sont le capital, l'intelligence, l'habileté professionnelle, par conséquent, les bénéfices d'une entreprise doivent se répartir entre les ouvriers et les capitalistes proportionnellement à la mise de chacun et des risques que chacun court dans l'entreprise.

L'homme aurait-il le courage de travailler s'il n'avait pas la certitude que le produit de son travail lui appartiendra; s'il n'avait l'espoir d'atteindre le but qui est le mobile de sa vie et d'acquérir ainsi la propriété qu'il arrose de ses sueurs.

Ainsi, c'est par le travail que l'on peut devenir propriétaire de la terre et la certitude de récolter ce qu'on a semé en augmentant la production contribue à augmenter le bien-être des hommes et la richesse de la société.

Pour déterminer l'homme à faire des efforts au-delà de ce qu'exige la satisfaction des besoins, pour le porter à économiser sur le produit de son travail en vue d'augmenter les jouissances à venir, il lui faut une chose indispensable : la sécurité.

Il faut qu'il ait la certitude de conserver ce qu'il aura acquis par son travail.

Le gouvernement n'a pas de mission plus grande que de donner cette assurance à tous les citoyens.

C'est la sécurité qui stimule l'industrie ; sans cette protection le fort dépouillera le faible, les frelons mangeront le miel des abeilles.

La loi ne crée pas la propriété, c'est un droit qui naît du travail de l'homme, que la loi doit consacrer, régulariser pour ne pas l'abandonner aux caprices des individus qui par leur fortune peuvent l'accaparer toute entière à leur profit.

La propriété n'est pas un monopole, une usurpation, un privilège, mais une conséquence logique du travail manuel, une manifestation de la liberté que la loi ne crée pas, mais qu'elle sanctionne et qu'elle doit protéger.

Le droit de protéger est la cause légitime et surtout la base du droit de succession.

Le droit de succession est donc aussi légitime, aussi sacré que le droit de propriété.

Le droit de transmettre à ses héritiers (remarquez que je ne parle que des héritiers en ligne directe, c'est-à-dire des enfants) les biens que l'on a acquis par son travail sont justes et équitables. Le sentiment qui stimule l'homme au travail, c'est d'abord le besoin, puis le droit d'augmenter ses moyens d'existence ; la prévoyance le porte ensuite à économiser pour le temps où l'âge et les infirmités ne lui permettront plus de travailler. Mais ce qui décuple surtout ses forces, c'est l'espoir de laisser ce qu'il aura amassé à ceux qui doivent en quelque sorte perpétuer son existence.

Ce sont ces sentiments qui font la prospérité de la société ; l'espoir de conserver la terre que l'on cultive et de la transmettre à ses enfants est le seul stimulant qui pousse le cultivateur à améliorer sa propriété.

Comment les sophistes qui combattent l'héritage en ligne directe ne voient-ils pas qu'il est utile a la masse. Combien de produits ne s'amélioreraient pas si la faculté de laisser ses biens à ses enfants était interdite aux pères de famille, combien de travaux et de privations, ce titre ne nous a-t-il pas plus d'une fois imposé.

Vous sentez-vous ébranlé par les effets de la dissipation, vous pensez à vos enfants et vous reprenez cœur au travail.

Quel stimulant que l'esprit de famille ; laisser l'aisance à ses enfants, quelle encourageante pensée. Otez-le, que d'efforts fructueux, d'intentions profitables vous feriez du même coup disparaître.

Donc, pas d'héritage en ligne directe, pas de famille.

Personne n'étant plus intéressé à augmenter sa fortune, la société s'appauvrirait; alors plus de progrès dans l'industrie, dans les arts, dans la science, plus de progrès dans l'agriculture, car pour avoir intérêt à améliorer la terre il faut être sûr de pouvoir la conserver longtemps.

Devons-nous conclure de là que la question sociale n'existe pas ?

Non !

Mais une chose certaine c'est qu'il y a un vice dans notre organisation sociale.

Et puisque le mal existe, il doit y avoir remède.

Mais le mal n'est point dans la nature, ni dans l'homme, il est dans l'organisation de notre société, qui ne fait que des privilégiés et des victimes et n'engendre que le vice et la misère.

Aussi, il faut la réformer, la reconstituer sur d'autres bases.

Quelles seront ces bases? Quelle révélation nouvelle remplacera le mensonge?

Il ne s'agit pas d'abolir le droit de propriété; il ne s'agit pas de porter atteinte à la liberté d'aucune des parties du corps social; il ne s'agit pas d'enlever à ceux qui possèdent pour donner à ceux qui ne possèdent pas. Les véritables réformes doivent être protectrices des droits de tous citoyens; la loi peut rétablir des droits méconnus et assurer à tout citoyen le libre essor de ses facultés et de son activité, sans sacrifier les droits acquis. Il s'agit de fonder le droit à l'existence en faveur du peuple. Pour cela, il ne faut pas seulement des ressources éventuelles, il faut des ressources certaines.

Ces ressources ne peuvent s'obtenir que là où elles existent; la richesse seule peut les donner.

Mais des sacrifices directs demandés à la fortune immobilière sembleraient lourds et surtout seraient funestes à l'agriculture, déjà si éprouvée par la crise économique; vouloir imposer ces sacrifices, à ceux à qui l'on doit venir en aide, est un cercle vicieux dont il faut sortir; car demander à la misère ce qu'on se propose de lui accorder est un procédé trop absurde pour que cette impossibilité ne soit pas évidente.

Un autre moyen certain, efficace, peut être employé par le législateur; c'est celui de l'économie sociale et politique.

En effet, l'économie est une science dont le but est de rendre l'aisance aussi générale que possible, et toutes les réformes à accomplir font intégralement partie du domaine de l'économie sociale.

C'est par elle qu'on résoudra le problème si grave de l'extinction du paupérisme et toutes les hautes questions sociales qui forment l'avenir des humbles travailleurs et que tout le monde réclame impérieusement.

L'économie sociale doit se préoccuper de l'avenir des classes inférieures, en recherchant et en constatant les principes sur lesquels repose l'organisation de la société, tels que les impôts, les successions, la propriété, les salaires.

Placer le lieu de la vie humaine au dessus de toutes choses dans les institutions, dans les lois et dans la protection sociale ; faire des garanties de la vie humaine et de la liberté, la base de la constitution nationale ; voilà le problème à résoudre.

Viennent alors en première ligne les réformes suivantes :

1º Education et instruction primaire, gratuite et obligatoire pour tous les enfants.

2º Réforme des impôts et suppression des impôts indirects, les ressources publiques constituées par le droit d'héritage national.

Droit d'hérédité progressive en ligne directe sur les héritages en ligne directe, même droit proportionnel sur les testaments.

Droit complet d'hérédité de l'Etat en ligne colatérale et sur les biens n'ayant ni héritiers directs ni légataires.

Impôt progressif sur les richesses acquises, c'est-à-dire sur le capital et le revenu.

3° Institution de garanties sociales en faveur des classes laborieuses et pauvres.

Protection de la loi par l'association entre le capital et le travail ; l'association pouvant seule donner à l'ouvrier l'intégrité des bénéfices de son travail dans la production.

Emancipation du travail et des travailleurs par l'organisation ouvrière.

Tout groupe d'ouvriers d'une même profession constituant un comité, relié à un syndicat professionnel des industries similaires et concurrentielles.

4° Régularisation et équilibre des salaires dans les industries en concurrence.

Arbitrage des causes de grèves et des conflits entre patrons et ouvriers.

5° Organisation nationale des garanties de l'assurance mutuelle et de la solidarité ouvrière pour la suppresssion radicale de la misère.

III. — LES IMPOTS ET LEURS CONSÉQUENCES

S'il est une question digne de l'attention de nos représentants, c'est assurément celle de l'impôt.

C'est par l'impôt que les mauvais gouvernements ont toujours pressuré le peuple, c'est par la réforme de l'impôt que le Gouvernement de la République doit commencer l'amélioration du sort des masses laborieuses.

Les impôts sont le prélèvement opéré sur la ressource de chacun pour constituer les ressources de tous.

Ils sont divisés en contributions directes et contributions indirectes.

Les quatre contributions directes sont celles qui sont perçues en vertu de rôles nominatifs, bien que le contribuable imposé ne soit pas toujours destiné dans l'esprit de la loi à supporter définitivement le poids de l'impôt.

Les contributions indirectes ne sont pas tous les autres impôts, mais la plupart de ceux qui sont perçus autrement qu'en vertu des rôles nominatifs, y compris ceux qui doivent, selon le vœu de la loi, rester à la charge des imposés.

L'impôt est obligatoire, puisque la société ne peut subsister sans que chaque citoyen contribue en proportion de sa fortune à tous les services pour assurer l'ordre et la sécurité d'une grande nation.

Mais il est mal équilibré et sa répartition n'est pas équitable.

C'est ce que je vais essayer de mettre en évidence.

Les quatre contributions directes que je vais d'abord examiner sont les contributions foncières, des portes et fenêtres, personnelles et mobilières.

C'est la loi de Frimaire, an VII, qui est restée la pierre d'assises de notre législation en matière d'impôt foncier. Elle maintient le système de répartition établie par la loi du 1er Décembre 1790.

Chaque année, le Parlement fixe la somme à demander à la propriété foncière. Cette somme est répartie entre le département par le même pouvoir législatif, le contingent est réparti entre les arrondissements par le Conseil général, et le contingent de chaque arrondissement est réparti entre les communes par le Conseil d'arrondissement.

Mais sur quelle base s'appuie-t-on pour déterminer ces contingents respectifs?

Sur le chiffre des impositions que supportaient les diverses parties du territoire en 1789!

Inutile d'insister sur l'inégalité de cette répartition qui a été faite à la suite d'une évaluation dressée en 1789. Ce fait monstrueux a mis en lumière que des cotes foncières n'atteignaient pas 2 0/0 tandis que d'autres dépassaient 30 0/0.

Il n'y a qu'un moyen de faire disparaître cette inégalité. Il faut établir sur la terre un impôt proportionnel à son revenu dont le produit augmentera lui-même.

L'impôt foncier est trop lourd, il demande à être dégrevé pour relever l'agriculture de la crise économique qui l'étreint et qui finirait par être mortelle si elle n'était confinée.

Les agriculteurs ne peuvent augmenter le prix de leurs produits puisqu'il faut qu'ils restent en complète harmonie avec le prix des produits industriels.

C'est déjà avec grand' peine que le fermier et le petit propriétaire peuvent subvenir aux frais de toute nature. Ils seraient donc forcés d'abandonner les terrains les moins productifs, s'ils calculaient bien leur avantage ; ce à quoi ils seront d'ailleurs forcément conduits à la longue, ce qui rendrait encore plus intense la crise agricole.

L'impôt des portes et fenêtres est l'impôt le plus mal établi qu'on puisse rêver ; il n'en est point de plus mal assis et de plus anti-démocratique, de plus justement critiqué. Son assiette est d'une complication extrême.

Il ne tient compte ni de la forme, ni de la dimension des ouvertures imposables : le petit carreau d'une mansarde d'ouvrier paye autant que la glace d'un grand magasin ou que la fenêtre sculptée d'un palais.

La barrière en bois d'une cour d'agriculteur ou du petit jardin est comptée comme porte cochère au même titre que la grille en fer ouvragé d'une somptueuse demeure.

De plus, il n'est pas appliqué d'une manière uniforme, il y a des catégories d'ouvertures suivant les communes.

Enfin, il faut payer, à un prix scandaleux, l'air et la lumière si indispensables à la santé. Une maison à 5 ouvertures paye 5 fois autant qu'une maison à une ouverture donnant plus d'air et de lumière que les 5 réunies.

Dénoncer cet impôt, c'est le condamner; mais, hélas! il y a beau temps qu'il est dénoncé et qu'il n'est pas condamné.

Quant aux contributions personnelles et mobilières établies par la loi du 13 Janvier 1791, elles sont confondues en un seul impôt. Mais cette confusion en un seul impôt aussi différent donne lieu à des abus de toute nature qui ont soulevé les plus vives protestations.

La capitation est le plus inégal des impôts, parce qu'il est uniforme pour tout le monde quelle que soit la fortune des contribuables. Il pèse surtout sur la classe ouvrière et peut amener de grands désordres dans la société. Le chômage, trop fréquent par ce temps de crise économique, prive l'ouvrier de son salaire, ce qui le met dans l'impossibilité d'acquitter ses impôts. On poursuit, on fait des frais, on saisit le mobilier et on vend, et l'ouvrier est réduit à la plus extrême misère.

La contribution mobilière, réservée à l'origine aux seuls détenteurs de revenus mobiliers, est devenue depuis la loi du 3 Nivôse an VII un véritable impôt de superposition.

C'est, en perception, celui qui s'éloigne le plus de la justice ; elle est assise sur la valeur locative de l'habitation.

Ainsi l'ouvrier possédant pour tout mobilier un lit, une chaise, une table boîteuse, ou plutôt le cultivateur, ayant besoin d'un plus vaste local pour l'exploitation de son industrie, paiera la même contribution que le millionnaire possédant un mobilier valant plus de 100,000 francs ; ce qu'il y a encore de plus inique, c'est que le millionnaire possédant une galerie de tableaux valant quelquefois plusieurs millions, un jardin d'agrément avec cours d'eau, parc, n'est pas compris dans l'impôt mobilier.

La prestation en nature est supportée par tous les habitants français de 18 à 60 ans, jouissant de leurs droits, et est fixée à la valeur de trois journées de travail.

L'ouvrier ne possédant rien est astreint à ces trois journées comme le gros propriétaire qui possède chevaux et voiture ; pourquoi en exempter l'homme riche au-dessus de 60 ans?

Souvent aussi, un riche propriétaire possédant des biens considérables dans plusieurs communes à la fois, n'habitant aucune de ces communes, n'est pas tenu à la prestation ; c'est un privilège injuste qu'il faut supprimer au plus vite.

Ce qu'il faut, c'est dégrever l'impôt sur les choses nécessaires à l'existence et charger les choses qui sont ou superflues ou simplement agréables ;

Supprimer l'impôt de capitation et le remplacer par un impôt unique exclusivement proportionnel et de quotité.

IV. — LES IMPOTS INDIRECTS

Les contributions indirectes sont les plus iniques parce qu'elles frappent plus particulièrement la classe du peuple, qui est la plus nombreuse, c'est-à-dire les travailleurs.

Ceux qui frappent les objets de luxe, n'affectent pas l'agriculture et ce qui s'y rattache ; mais les impôts qui pèsent sur les objets de première nécessité sont les plus lourds, parce qu'ils tombent sur ceux-là même qui n'exercent aucune industrie et se trouvent dans le dénûment le plus complet.

Les impôts indirects enlèvent, aujourd'hui, aux familles ouvrières, le quart ou le cinquième de leurs ressources, et, d'un autre côté, obligent l'industriel manufacturier, le producteur, à augmenter le prix des objets fabriqués ; la conséquence est que les consommateurs les moins aisés diminuent leur demande et le prix du marché tombe. Alors, les fabriques qui sont les moins solides dans leurs affaires liquident, et le rapport de l'offre à la demande des objets imposés, s'établit de manière à ce que le prix exhaussé procure aux établissements restants les bénéfices nécessaires pour couvrir l'impôt et les autres frais de production.

Sous le régime de la liberté commerciale, la propriété des industries dépend non seulement de l'impôt qu'elles subissent dans leur pays, mais encore des impôts établis à l'étranger sur les produits similaires. Si, par exemple, un produit imposé au même taux dans deux pays limitrophes venait à être dégrevé dans l'un d'eux, l'autre pays serait bien obligé de prendre une mesure semblable.

Au lieu de paralyser la consommation et la production, il faut au contraire faciliter leur essor, il faut créer pour l'industrie des débouchés à l'intérieur en affranchissant les classes laborieuses des impôts qui font obstacle à leur avènement au bien-être. Cela vaudrait mille fois mieux que les débouchés imaginaires de la politique coloniale.

On arrivera à un bon résultat en supprimant tout impôt indirect sur la production et la consommation, tels que l'impôt sur le sucre, le sel, les alcools, vin, bière, etc., et tout produit qui sert à l'alimentation, et aussi sur tous les objets manufacturés ; cet impôt est fatal au commerce, à l'industrie, à la classe ouvrière ; il tue la production et réduit à zéro le travail de l'ouvrier, par ce fait qu'il est exclusivement payé par le producteur, c'est-à-dire le cultiva-teur-fermier, le consommateur, l'ouvrier des champs et des villes et le fabricant ; il est nuisible à l'agriculture et à l'industrie en re-haussant le prix des objets fabriqués qui ne peuvent plus tenir tête à la concurrence étran-gère ; il est inique, injuste, en ce qu'il favorise le propriétaire au détriment du cultivateur, et le capital au détriment de l'ouvrier.

L'impôt indirect est un obstacle à la libre expression de l'activité des citoyens ; il est préjudiciable au progrès, au développement de la richesse générale, il est surtout un obs-tacle à l'émancipation des classes laborieuses, parce qu'il épuise les ressources du travail au profit du capital.

V. — LES OCTROIS

Les octrois, en particulier, semblent peu dignes d'un pays de liberté ; aussi, furent-ils abolis le 19 janvier 1791 ; mais sur le rapport de Larochefoucauld, ils furent rétablis par Bo-naparte.

Que l'Empire ait prêté la main à ce recul vers le passé, il ne faut pas s'en étonner outre mesure.

C'est aux Bourbons restaurés qu'on doit la restauration complète du système prohibitif intérieur. Les lois du 8 décembre 1814 et 28 avril 1816 sont de véritables monuments, qui attestent les privations imposées aux ménages pauvres des villes en échange du rétablissement d'une cour luxueuse, d'une aristocratie magnifique et d'un rejeton de cette dynastie des Bourbons qui avait organisé le pacte de famine.

Il y a actuellement en France 34,582 communes qui n'ont pas d'octrois, et 1,535 communes qui en sont pourvues.

Ces 1535 communes représentent une population de 11,800,000 habitants.

Le produit total des 1535 octrois est de 290,392,000.

Les frais de perception des octrois s'élèvent à plus de 25,000,000 de francs.

Dans le total des recettes, les liquides jouent le plus grand rôle; ils rapportent 125 millions; puis viennent les comestibles pour plus de 70 millions; — les matériaux, 36 millions; — les combustibles, 30,000,000; les fourrages, 14,000,000, etc., etc. A Paris, sur un budget total de 250 millions de recettes, l'octroi seul compte pour 145 millions.

La part des contributions directes affectées aux dépenses municipales de la capitale n'étant que de 24,000,000, il en résulte que lorsqu'un contribuable parisien paie 6 fr. à l'octroi, il ne paie qu'un franc aux contributions directes pour les dépenses municipales.

Le droit d'octroi est un impôt de capitation qui est supporté par la classe la plus nombreuse, c'est-à-dire les travailleurs; nous trouvons souverainement inique qu'un ouvrier qui touche au maximum 8 francs par jour soit obligé de donner 1 franc à l'octroi ?

Comment changer cet état de choses et par quoi remplacer le produit de l'octroi ?

M. Yves Guyot, auteur d'un projet sur la suppression de l'octroi et rapporteur de la commission du budget, proposait une taxe sur les immeubles à Paris ; la valeur totale des immeubles étant évaluée à 17 milliards, une taxe de 5 pour mille sur ce capital produirait 85 millions. Cela permettrait d'abolir les droits d'octroi sur le vin, la viande, les huiles, les houilles, objets de première nécessité, et pour lesquels chaque Parisien paie en moyenne 36 francs par an.

Pour supprimer complètement l'octroi, il suffirait d'une taxe de 9 pour 1000 sur le capital ou de 18 pour 1000 sur les loyers, 13 pour 1000 à Lyon.

A Paris, les loyers de 300 francs ont actuellement à subir en moyenne 260 francs d'octroi, avec un impôt direct de 54 francs ; ces 260 fr. d'octroi seraient totalement supprimés.

Mais, dit-on, le nombre des locataires à petits loyers est le plus considérable, par conséquent ce sont les petits locataires qui continueront à payer l'impôt quel qu'en soit la dénomination.

Erreur.

Il est vrai qu'il n'y a à Paris que 73,000 loyers au-dessus de 1000 francs contre 682,000 au-dessous mais la moyenne des premiers est tellement supérieure à ce chiffre de 1000 fr. que le montant de ces 73,000 loyers est supérieur à celui des 682,000.

Ils représentent 208,000,000 et les seconds 190,000,000 seulement. Or, ces 208 millions de gros loyers ne subissent qu'une faible part des 145 millions perçus par l'octroi de la capitale : 8 % du loyer, tandis que les 190 millions de petits loyers sont grevés de 72 % ; ce sont donc les petits ménages qui paient au minimum les 9/10 des 145 millions de l'octroi.

Il suffirait donc d'un impôt de 9 pour 1000 du capital ou de 18 pour 1000 du loyer à Paris, et de 13 pour 1000 à Lyon pour remplacer avantageusement les octrois.

Voir le remarquable rapport de M. Yves Guyot.

Dégrever les aliments indispensables à l'existence de l'homme, tels que : sel, boissons, viande, sucre et la lumière, nécessaire à tous, est le but auquel doivent tendre nos législateurs.

Il ne faut pas taxer non plus les matières premières, parce que le travail de l'homme est obligé d'en faire usage.

La patente est aussi un impôt non moins odieux qui pèse sur le petit commerce et la petite industrie. Il arrive souvent qu'un ouvrier qui veut s'établir et qui n'a pas les capitaux nécessaires au fonctionnement d'un grand commerce, la concurrence de la grande industrie aidant, la patente contrebalence son gain, et il ne peut guère dans ces conditions parvenir à arrêter la ruine ou la faillite.

Laissez donc se développer la richesse publique par la production libre et débarassée de toute entrave, et le domaine social vous donnera abondamment les ressources nécessaires à l'Etat.

Si vous n'imposez pas ni la matière première, ni le travail, ni le produit, vous serez forts pour rivaliser avec les nations voisines ; vous leur vendrez vos produits avec profit.

VI. — DE L'IMPOT FONCIER AGRICOLE

Le meilleur impôt foncier serait évidemment d'établir une juste évaluation du produit de la propriété et d'en prélever une partie, la plus légère possible, au profit de l'Etat. Mais pour conserver à ce mode de répartition de l'impôt sa perfection primitive, il faudrait refaire les évaluations à de courts intervalles, de manière à tenir constamment l'impôt dans la juste proportion du revenu.

En agriculture, cette perfection est loin d'être réalisée : la législation fiscale qui la régit était excellente lorsqu'elle fut créée par l'Assemblée législative ; comparée à l'arbitraire de l'ancien régime, c'était réellement une merveille et nous comprenons très bien qu'on ait dit autrefois qu'aucune nation de l'Europe n'en avait une meilleure !

L'idée qui avait présidé à cette création (création d'après la valeur des produits) était certainement ingénieuse. Elle avait cependant le défaut d'être trop particulière à son époque, et pour se conserver parfaite, ou du moins passable, on aurait dû la modifier, la transformer, lui faire suivre, en un mot, la marche des progrès accomplis.

Les chemins de fer ont changé la face du monde, ont bouleversé les conditions générales de la production et de la consommation ; le commerce et l'industrie ont profité de cette révolution en se transformant eux-mêmes, mais l'agriculture est presque restée à son point de départ.

Le régime fiscal agricole, qui aurait toujours dû être en rapport avec le régime commercial et industriel, n'a presque pas été modifié depuis le commencement du siècle ; les rouages du moteur n'ont pas été perfectionnés, ni même entretenus d'une manière intelligente.

Il en est résulté une machine défectueuse dont la plus grande partie de ses organes et dont la force motrice est hors de proportion avec les frais de mise en marche.

Ce qui rend surtout les impôts agricoles

vexatoires, c'est qu'il faut les payer, même lorsque la terre ne donne rien : ainsi il arrive souvent que l'impôt foncier payé pour une propriété agricole est supérieur à son revenu total.

Par exemple, lorsque les récoltes sont grêlées ou si une vigne gelée ne produit pas un litre de vin, non seulement le vigneron perd le revenu de sa vigne, les travaux de main-d'œuvre qu'il y a consacrés, mais encore est-il obligé d'en payer l'impôt foncier absolument comme s'il avait fait une excellente récolte.

Outre cet inconvénient, il en existe un autre. La valeur des terres qui avait servi à la première répartition de l'impôt s'est depuis considérablement modifiée.

Telle terre qui, à l'origine de la législation actuelle, rapportait 100 0/0, ne rapporte plus aujourd'hui que 25 0/0; au contraire telle propriété qui ne rapportait que 10 0/0, rapporte maintenant 80 0/0. Et cependant l'impôt que les deux propriétés supportent respectivement n'a pas été sensiblement modifié.

Donc, il existe une grande disproportion entre la valeur actuelle des terres, c'est-à-dire leur revenu et l'impôt foncier payé par elles, disproportion qu'on ne pourra combler que par la révision du cadastre.

D'après une statistique très sérieuse de la fortune publique et des revenus annuels de la France établie sur des documents précis, voici ce que chacune des formes de la propriété rapporte chaque année à ses propriétaires :

La propriété agricole a un revenu net de 2,845 millions et paye pour sa part contributive d'impôts 706 millions 500,000 fr., soit 24,80 0/0 du revenu.

La propriété immobilière urbaine a un revenu net de 6 milliards environ et paye 33,370,000 francs d'impôts, soit 17,03 0/0.

La propriété mobilière a un revenu net de 3 milliards 985 millions de francs et paye 160 millions d'impôts, soit 4 0/0.

La propriété industrielle et commerciale a un revenu de 2 milliards 740 millions et paye 375 millions 840,000 francs d'impôts, soit 13 90 0/0.

Le revenu annuel et total de la France, propriété, commerce et industrie, est estimé à 21 milliards environ.

En résumé, la moyenne des impôts supportés par les propriétés agricoles s'élève à 24,80 0/0 du revenu net, alors que la moyenne de l'impôt payé pour les autres propriétés atteint à peine 11,94 0/0.

Voilà une preuve incontestable que l'impôt est établi au détriment de l'agriculture; nos pauvres fermiers payent, en réalité, 24 francs 80 d'impôt pour un produit de 100 fr., alors que les industriels ne sont frappés que d'une charge de 13 fr. 90 pour 100 fr. de produit.

Mais les privilégiés sont évidemment les

rentiers, parce qu'ils n'ont guère à débourser que 4 francs d'impôts par 100 francs de revenu annuel.

Tout cela n'est encore rien. Les plus grands fléaux de l'agriculture sont les droits de mutation qui atteignent quelquefois 10 80 0/0 de la valeur intrinsèque de la propriété agricole.

Pour acheter 4,500 francs de rentes sur l'Etat (107,000 francs de capital environ), on n'a à payer que 1 fr. 25 de courtage à l'agent de change, soit 0,125 0/0.

Pour acheter une propriété agricole du même prix, on aurait à payer environ 10,000 francs de frais, c'est-à-dire plus de 9 0/0.

Qu'un fermier achète une terre de 5,000 fr., il aura à payer jusqu'à 600 fr. de frais; qu'un rentier achète à sa femme un bracelet ou une voiture du même prix, il aura à peine à payer un timbre de facture 0 fr. 10 cent.

Il est nécessaire, indispensable, de soulager l'agriculture en dégrevant l'impôt foncier qui pèse sur les propriétés rurales, et de donner plus de facilités à la division et à la circulation des propriétés agricoles en abaissant de nouveau les droits de mutation.

Ainsi donc, si les députés des départements agricoles veulent réellement donner à l'agriculture la légitime satisfaction qu'elle réclame depuis si longtemps, ils doivent réclamer le dégrèvement de l'impôt foncier agricole et le remplacer par l'impôt sur le revenu.

VII. — Réformes de l'impot

Il faut non seulement équilibrer le budget qui est clos chaque année par un déficit, mais encore rembourser une partie de la dette et trouver les ressources nécessaires à la gratuité de la justice, de l'instruction publique et à la création de banques de prêts gratuits, d'assurances mutuelles contre la misère, afin d'assurer à toutes les classes de la société le bien-être présent et la sécurité pour l'avenir.

Ce qu'il faut, c'est un budget sincère et bien équilibré, de nouvelles ressources importantes, ne provenant pas de charges nouvelles, ainsi que des réformes et des méthodes appropriées à notre situation.

Si les particuliers sont dans la gêne, si l'Etat voit ses recettes diminuer, ce n'est pas en imposant de nouvelles charges à la population qu'on résoudra le problème, qu'on arrivera non-seulement à l'équilibre, mais encore au remboursement d'une partie de la dette, qui doit s'effectuer sans qu'un emprunt ou qu'un impôt nouveau vienne encore peser sur la masse.

Une simplification de notre organisation administrative s'impose :

Créée par Bonaparte aussitôt brumaire, l'administration a traversé tous les régimes sans subir aucun changement ; on peut même dire que le mal a été aggravé sous la République actuelle.

On a fait de l'Etat un gros et gras personnage chargé de s'occuper de tout, de placer tout le monde ; on l'a élevé au rang de la Providence, ayant tous les droits, tous les pouvoirs. Aussi, absorbe-t-il toutes les ressources pour les distribuer sous des milliers de formes.

Il n'est pas un coin de notre pauvre pays où les gens n'aspirent seulement qu'à se nourrir du budget. Les forces industrielles, agricoles, commerciales, l'énergie individuelle, l'esprit d'initiative sont paralysées par cette intervention constante, absorbante, parasitaire de l'État.

Les intelligences s'atrophient sous ce régime de mandarinat, où tout le monde prétend être payé en travaillant le moins possible.

Ce système pouvait avoir sa raison d'être dans les mains de Napoléon Ier qui, ayant à resserrer les pouvoirs dispersés, sans cohésion, en antagonisme même, ne pouvait établir son pouvoir personnel qu'à la condition de centraliser à outrance ; il se croyait le foyer, le cœur, le cerveau d'où tout devait sortir ; il est naturel qu'il pouvait exiger que tout y aboutît par la concentration despotique.

Mais aujourd'hui, ce système est condamné et impossible.

Il faut détruire ce despotisme, ces privilèges de castes, et il faut construire le palais du travail.

Examinons maintenant quelles seraient les ressources les plus équitables qui viendraient équilibrer le budget.

1° Vient en première ligne : L'hérédité de l'État dans les successions en ligne collatérale, à moins de testament.

Ensuite un droit perçu, augmentant progressivement suivant l'importance des succession en ligne directe ; des cessions volontaires et par testament.

L'héritage est un droit imprescriptible et se conçoit de père et mère aux enfants.

Les collatéraux sont généralement étrangers à la création de la fortune de ceux dont ils héritent ; chacun d'eux travaille de son côté à se créer une petite fortune indépendante, quelquefois les uns au détriment des autres, tandis que l'État met sans cesse les ressources dont il dispose au service de chacun ; envers l'État, l'hérédité est une restitution ; à l'État, des collatéraux, elle est un don gratuit.

Quant à ceux qui n'ont pas d'héritiers directs, l'État leur accorde le droit de tester ; celui qui se connaît des amis, peut les désigner comme héritiers de la moitié de ses biens ; l'État héritera de l'autre moitié, c'est le droit social.

En raison de la large place qu'occupent les affections de la famille et de la communauté d'efforts entre pères, mères et enfants, il est naturel de maintenir, dans une juste mesure, l'hérédité en ligne directe, tout en faisant à l'Etat la restitution qui lui est due. Mais ce droit prélevé sur l'héritage ne doit nullement atteindre le pécule des parents pauvres ; il doit prendre peu sur les petites fortunes, davantage sur les fortunes moyennes, et la moitié au moins des grandes fortunes.

Le même droit social progressif sera perçu sur les dons et legs.

2° La restitution à l'État des biens de mainmorte, actuellement détenus par les communautés religieuses, et qui s'élèvent, à l'heure qu'il est, à plusieurs milliards, et qui constituent pour l'avenir un véritable péril social.

La séparation de l'Église et de l'État produirait chaque année à l'État : 60 millions.

Nous allons examiner, maintenant, si la suppression des biens de mainmorte et du budget des cultes, serait de la part de l'État une usurpation et un vol, comme certains le prétendent, et serait tenu de restituer les biens qui appartenaient au clergé avant 1789.

Sans doute, en 1789, le clergé avait entre les mains des richesses considérables et dont le chiffre n'a jamais été exactement déterminé. Il s'élevait certainement à plusieurs milliards. Mais le clergé était-il, comme on le prétend, propriétaire de cette colossale fortune ?

Est-ce que l'Église catholique était, comme le mot qui la caractérise semble l'indiquer, une puissance métaphysique au-dessus et en dehors de la volonté de l'Etat? Nullement. En France, l'Eglise catholique avait un caractère très particulier : celui d'une institution gallicane, subordonnée à l'Etat, dans la dépendance de l'Etat, agissant comme mandataire de l'Etat, et ne pouvant rien faire sans son autorisation.

La royauté d'avant 1789 se croyait tenue à certaines obligations de charité envers les pauvres; elle avait choisi l'Eglise officielle pour distribuer des aumônes, porter des secours aux sujets du roi qui étaient dans le dénûment.

On trouverait la preuve de ce que j'avance dans ce fait trop négligé par les historiens que, toutes les fois qu'une fondation religieuse, dans l'intérêt des pauvres, était établie, si les ressources de l'Eglise étaient insuffisantes, l'État y apportait ses propres ressources.

L'Église avait donc reçu, à titre d'économe, des biens des pauvres, les richesses dont elle était dépositaire. Les eût-elle reçus encore à d'autres titres, elle ne peut prétendre en être propriétaire dans le sens où les jurisconsultes entendent le droit de propriété.

Comme l'a admirablement démontré l'illustre constituant Thouset, il n'y a pas de droit de propriété là où ne se rencontre pas une personnalité agissant par elle-même, existant par elle-même, incarnant un droit vivant. Or, les corps ecclésiastiques n'existent que par la

loi; c'est la loi qui les a créés, par conséquent, la loi peut les limiter et les détruire.

Ainsi, les droits de l'État sur les biens de
mainmorte et la suppression du budget des
cultes sont parfaitement légitimes.

3° L'impôt sur le revenu ou sur les capitaux
de toute nature, tel qu'il est en vigueur dans
plusieurs grandes puissances; en Allemagne,
en Angleterre, en Italie, par exemple.

Cet impôt est le plus juste et le plus équitable et que l'on devrait établir exclusivement
à tout autre. Au point de vue rationnel, il
correspond aux diverses destinations de l'impôt. Son rendement servirait du moins à an-
nuler les impôts les plus criants et à dégrever
l'agriculture.

Théoriquement et pratiquement, l'impôt sur
le revenu est le prototype des impôts, c'est
l'idéal de l'équité et de la simplicité. Chaque
citoyen contribuerait pour sa cote-part au
paiement des services publics en proportion
des avantages qu'il est censé en retirer, en
proportion de son revenu.

Pour établir les cotisations de chacun, il
suffirait donc de connaître le revenu de chaque
citoyen. Et pour le connaître, on a deux voies :
on le demande ou on le découvre.

En Angleterre, on a adopté le premier moyen,
en Allemagne le second ; quel est le meilleur?

Voyons ce que devient, en réalité, dans la
pratique, cet admirable impôt sur le revenu.

En Angleterre, chaque année, le gouvernement invite chaque citoyen a déclarer le montant de son revenu ; cette déclaration sert de base à cet impôt, qu'on appelle l'*income-tax*,

Si la déclaration est reconnue fausse, aussitôt il est procédé à un inventaire qui révèle le véritable revenu du contribuable ; une forte amende punit la fraude et établit la répartition au fisc.

En Allemagne, l'impôt sur le revenu s'établit par un système inverse du procédé anglais ; des commissions gouvernementales évaluent, à vue d'œil, les revenus des citoyens et fixent ainsi le chiffre d'impôt de chaque contribuable.

Si un citoyen se croit mal apprécié, il est admis à s'inscrire contre l'évaluation officielle en produisant les preuves de son véritable état de fortune.

C'est donc dans l'impôt direct qu'il faut trouver le complément nécessaire à l'équilibre du budget ; il faut demander un impôt sur le revenu et sur le capital, faire payer à chacun selon ses ressources.

On objectera que l'impôt sur le revenu fera fuir le capital. Mais où irait-il ? Est-ce en Angleterre où il trouvera l'*income taxe* ? Est-ce en Belgique ? L'impôt sur le revenu y est établi. En Allemagne ? Nous avons déjà dit que l'impôt sur le revenu et sur le capital y sont acclimatés depuis longtemps. En Italie ? en

Suisse ? Les mêmes droits, existent ainsi qu'aux Etats-Unis.

En créant l'impôt sur le revenu, il faut également frapper le capital, sans cela de grandes et riches propriétés échapperaient à l'impôt.

Par exemple, un grand seigneur possède un château entouré d'un magnifique jardin, promenades d'agrément, cours d'eau et d'un parc immense ; dans l'intérieur, galerie de tableaux, collection d'art valant plusieurs millions, nous ne pourrions atteindre le revenu, puisqu'il n'en possède point.

C'est une demeure princière somptueuse, toute de plaisance, où le capital est entièrement consacré à la jouissance de ceux qui l'habitent; cette richesse est considérable et pour lui faire rendre sa part d'impôt il faudra lui appliquer l'impôt sur le capital.

Mais pour qu'il y ait justice dans les taxes prélevées il ne suffit pas qu'elles soient seulement proportionnelles, il faudra les rendre progressives. On comprend très bien qu'en demandant 100 francs à celui qui possède 1,000 francs, on le frappe plus qu'en demandant 1,000 francs à celui qui en possède 10,000.

***

VIII. — LES GRÈVES DE L'INDUSTRIE MANUFACTURIÈRE

De tous les fléaux qui affligent l'humanité, la grève de l'industrie est un des plus grands.

Le meilleur, peut-être, le seul moyen de la conjurer, ce serait d'associer le capital au travail et à l'habileté professionnelle, et que chaque ouvrier serait rémunéré suivant sa production.

La participation des ouvriers aux bénéfices de l'association aurait pour avantage, d'abord, d'augmenter le produit en excitant le zèle des ouvriers qui, pour améliorer leur sort, auraient un grand intérêt au succès de l'entreprise; cette disposition aurait de plus pour conséquence immédiate d'empêcher les grèves qui sont la ruine de l'industrie.

On connaît les maux que produisent les grèves; en outre des pertes subies par les patrons, des souffrances éprouvées par les ouvriers, elles occasionnent l'importation plus abondante des produits étrangers, car la consommation ne s'arrête jamais. C'est donc l'étranger, le premier, qui profite.

La cause des grèves est souvent une des conséquences de la loi de l'offre et de la demande : Lorsqu'une marchandise est plus demandée qu'offerte, elle hausse de valeur; lorsqu'elle est plus offerte que demandée, elle baisse de prix, en même temps baisse de salaire de l'ouvrier.

. La baisse du salaire et le manque de travail se généralisant, l'ouvrier cesse d'être consommateur, la consommation alors se ralentit et le mal s'aggrave.

Or, depuis l'abandon de l'obligation des apprentissages, une détention s'est produite par la destruction des anciennes corporations; les bons ouvriers sont de plus en plus rares, aussi le travail hausse de plus en plus de valeur, si bien que les ouvriers se sont mis à faire grève pour arriver à un salaire suffisant à l'existence de leur famille.

Une nation qui abandonne ainsi peu à peu la loi du travail par le seul fait qu'elle n'oblige pas à l'instruction professionnelle, comme cela a lieu en France depuis l'abolition des corporations, un pays qui n'oblige pas les apprentissages se voue à la décadence et à la ruine.

Par la même loi, une nation entre tôt ou tard dans la gêne et le besoin, lorsqu'elle abandonne la direction et l'organisation du travail en des mains inhabiles, comme notre pays le fait depuis l'anéantissement des corps d'arts et métiers.

Cet état de choses fait que la richesse reste presque inactive, que les capitaux regorgent dans les banques.

Des conflits semblables à ceux que nous révèlent les grèves des mines et des fabriques
en Angleterre, les grèves des chemins de fer
aux États-Unis, celles dont la France a trop
souvent à se préoccuper, ne naissent pas sans
des causes profondes qu'il serait imprudent de
méconnaître plus longtemps. Ces conflits
puisent leur principale raison d'être dans un
vice d'organisation de l'industrie et dans l'in-
suffisance des garanties données aux travailleurs.

Tels sont les malheurs qui résultent du défaut de prévoyance et d'organisation professionnelle et de la création de la richesse; l'absence d'unité morale et de but commun fait
surgir la lutte jusque dans le camp de l'industrie.

IX. — LE LIBRE-ÉCHANGE

Ce qui complète encore l'œuvre de ruine,
du manque d'instruction professionnelle et
qui rend surtout la crise industrielle si aigüe,
c'est le libre-échange.

En effet, avec le libre-échange c'est la nation la plus favorisée qui a tout avantage sur
sa rivale.

A cet effet, supposons deux nations, l'une
forte par sa population, par sa situation géo-
graphique, par le capital dont elle peut dis-
poser, par son industrie, par sa supériorité ma-

ritime, par le nombre et l'exploitation de ses prolétaires, etc., etc.; l'autre faible en raison même de son degré d'infériorité sous différents rapports; supposons qu'entre elles le libre-échange vint à s'établir, quelles en seraient les conséquences!

Il arriverait que la nation qui par la force brutale posséderait le plus fort capital, disposerait des meilleures et des plus puissantes machines, aurait les plus vastes débouchés et dont les forts exploiteraient le mieux les faibles; que cette nation, disons-nous, produirait incontestablement à meilleur marché, relativement à l'élément du travail et vendrait par suite à plus bas prix que ne pourrait produire et vendre celle qui ne jouirait pas des mêmes avantages; de la sorte, la première ferait une concurrence mortelle à la seconde, envahirait ses propres marchés (telle que l'Allemagne vis-à-vis de la France) et, comme dernier résultat, finirait par la ruiner en accaparant ses richesses.

En vain, la nation faible s'efforcerait-elle de centraliser la supériorité matérielle de sa rivale en cherchant à diminuer les frais de main-d'œuvre par de constantes diminutions de salaires; impossible de lutter longtemps dans de pareilles conditions d'infériorité, elle ne tarderait pas à succomber sous les étreintes d'une situation désespérée et sans issue.

Votre comparaison, diront les économistes,

peut paraître ingénieuse au premier abord, nous vous l'accordons, mais que prouve-t-elle en définitive? Si le libre-échange a ses inconvénients, chose que nous ne nions pas, n'a-t-il pas aussi ses avantages, notamment celui de faire obtenir aujourd'hui certains objets à meilleur compte.

Oui, répondrons-nous, que ce soit là, un avantage réel... pour les capitalistes, pour ceux qui ont les moyens de consommer; mais les prolétaires, les ouvriers, sans travail, ou ceux dont le travail n'est pas suffisamment rémunéré, le nombre en est grand, en ces temps de crise économique; il ne leur est pas permis de se procurer aujourd'hui pour 2 francs ce qu'autrefois ils pouvaient payer 3 fr.

Pour ceux-là, disons-nous, il est évidemment faux, et nous le nions absolument, que pareille réduction de prix soit possible.

Comme dans la lutte pour la vie, c'est toujours le mieux armé qui l'emporte et que sous peine de tout bouleverser à chaque génération, on ne peut établir l'égalité des points de départ, il en résulte que la pratique de la concurrence, dans les conditions actuelles, outre qu'elle livre pieds et poings liés les salaires aux capitalistes, augmente sans cesse les inégalités, fait tomber constamment les moins armés sous les corps des plus armés ou des plus favorisés pour se réaliser dans des monopoles monstrueux.

Que voyons-nous dans l'industrie et le commerce ?

Les petits ateliers sont dévorés par les fabriques, celles-ci le sont à leur tour par ces formidables organismes industriels qui englobent souvent une ville entière et partagent une région. Dans le commerce, même phénomène, les petites boutiques disparaissent sous un ouragan de faillites et de ruine pour faire place à ces immenses magasins à deux millions d'affaires par jour, aux milliers d'employés ; demain il en sera de même pour l'agriculture.

Il est évident, qu'au point de vue industriel, la France doit être libre-échangiste ; elle exporte annuellement dans les diverses nations du monde civilisé pour plus de 1,800 millions d'objets manufacturés, et comme d'un autre côté, pour la production de ces objets, elle a besoin de certaines matières premières, que l'étranger seul peut lui fournir, son intérêt industriel serait donc de briser les barrières de douanes qui, tant à l'importation qu'à l'exportation, élèvent le prix de revient de sa production.

La grande théorie du libre-échange peut se résumer de la façon suivante : l'industrie qui se sent protégée ne fait plus de progrès, les fabricants se croyant à l'abri de la concurrence étrangère, se gardent bien de changer leur manière de faire, parce que chaque chan-

gément implique un aléa ou un bouleversement de leur train-train ordinaire.

Ils évitent de transformer leur outillage, de
le mettre en rapport avec les découvertes réa-
lisées, de tenir compte en un mot de la science
mécanique ; parce que les améliorations et les
transformations entraînent des frais et des
efforts intellectuels que la production permet
provisoirement d'éviter.

L'industrie protégée reste en conséquence
stationnaire, alors que les industries des nations voisines, obligées de lutter incessam-
ment contre une concurrence chaque jour plus
active, plus ardente et plus habile, se perfec-
tionnent, s'assimilent aux conditions économiques nouvelles et acquèrent un esprit de
négoce qui leur assure l'empire du monde
commercial.

Voilà la grande base du libre-échange et il
faut bien reconnaître qu'au point de vue industriel, cette théorie est rigoureusement exacte ;
c'est par son application que l'industrie an-
glaise est devenue si puissante, c'est aussi par
le libre-échange que la Suisse, cette petite
nation dont nous connaissons si peu les usages
commerciaux, a pu prendre dans le monde des
affaires une place que pourraient envier beaucoup de nations plus importantes qu'elle.

Mais une grande nation comme la France
surtout, ne vit pas seulement de l'industrie :
L'agriculture constitue sa vitalité même et est

l'une des plus grandes sources de sa fortune; l'on est bien obligé de reconnaître qu'à l'heure actuelle, cette agriculture n'est pas en mesure de lutter efficacement contre la concurrence terrible que l'Angleterre et l'Australie se disposent à lui faire.

Il faut qu'à l'avenir nous ne soyons plus exclusivement libre-échangistes ou protectionistes : les deux systèmes seraient également appliqués d'une manière absolue.

Le libre-échange à outrance ruinerait irrémédiablement notre agriculture ; la protection exagérée tuerait notre industrie, il faut donc que nous nous mettions résolûment à étudier la situation nouvelle que la transformation des autres nations impose à notre industrie et à notre agriculture et après avoir sérieusement examiné chacune des questions multiples qui touchent à l'avenir de ces deux sources de notre fortune nationale, nous donnions à chacune d'elles la solution convenant à son intérêt particulier.

Gardons-nous d'oublier ce qui se passe en ce moment sur le continent Américain : Une vaste union douanière est sur le point de se créer entre tous les états de l'Amérique du Nord et du Sud, qui offre encore maintenant de si précieux débouchés à notre industrie.

Nous ne devons pas oublier cette même Amérique, dont l'essor agricole est considérable, après avoir couvert les marchés de l'Eu-

lope de ses blés, va y jeter une nouvelle perturbation en y introduisant d'énormes quantités de bestiaux sur pied, de viandes con-
servées, de fruits et même de légumes frais.

Enfin, ne perdons pas de vue que la Cali-
fornie, le Brésil, la Plata, le Chili et surtout
l'Australie, se couvrent de vignobles et que
dans quelques années, ces divers pays nous
importeront des vins en quantités formidables
et à des prix encore plus réduits que ceux de
nos vignobles africains... qui font cependant
le désespoir des viticulteurs français.

Il est donc nécessaire de lutter énergiquement et de défendre nos intérêts économiques
contre les dangers qui les menacent.

Malgré cela, la liberté des échanges est
évidemment le dernier mot de la science économique. Mais il est non moins évident que
la France sera en présence des droits frappés
par l'étranger sur nos produits, elle devra
agir de réciprocité sous peine d'être dupe.

Quoi que l'on dise, quoi que l'on fasse, le
libre-échange sera toujours favorable aux forts
et nuisible aux faibles, tant que le capital do-
minera, et qu'il y aura des nationalités dont
les intérêts seront en opposition; il ne pourra
devenir un bienfait pour la société tout entière
que quand la domination du travail remplacera
celle du capital.

Il est donc facile de juger d'après la concurrence que nous font les nations étrangères

et qu'étendra encore le libre-échange que si
notre nation ne réforme pas son outillage et ses
moyens de production en associant le travail
au capital, et ne fait pas entrer l'instruction
professionnelle dans l'atelier, un sort fatal
l'attend.

Voilà le terrain sur lequel les républicains
doivent s'unir; voilà les questions que le gouvernement doit prendre en main à l'exclusion
de toutes les autres.

CHAPITRE III

DE LA RÉFORME JUDICIAIRE

I. — LES ABUS DANS LA JUSTICE

Nous avons signalé, plus haut, les abus qui
existent encore dans les rouages administratifs de notre société. C'est surtout dans la justice que ces abus deviennent intolérables.

Par une choquante inégalité, là, où il ne devrait y avoir qu'une seule loi, qu'une même
justice pour tous, les privilèges s'étalent encore au grand jour sous les auspices d'une
magistrature servile et peu scrupuleuse en
matière de justice, qui s'abrite sous la sauvegarde de l'inamovibilité des juges. C'est

surtout cette institution qui réclame de profondes réformes.

Notre système judiciaire pour un gouvernement démocratique est trop cher, trop lent,
trop formaliste, trop compliqué dans ses mou-
vements.

Les temps modernes réclament une justice
prompte, simple, impartiale, accessible à
toutes les classes de la société.

Ce n'est qu'à ces conditions qu'elle satisfera
aux besoins du temps ; c'est au fond des choses,
et non à leur surface, qu'il faut porter ses
regards.

Ce qu'il faut à notre société, qui de plus en
plus se dégage du formalisme suranné, c'est
une procédure facile, une justice prompte et
surtout la simplicité.

Non seulement la façon actuelle de comprendre et de pratiquer les affaires de justice
entraîne à sa suite une procédure trop chère,
pour que les pauvres puissent l'obtenir facilement, mais encore, et surtout, elle enchaîne la
conscience du juge dans un formalisme qui
semble appartenir à un autre âge que le nôtre.

Aussi, voit-on souvent des solutions judiciaires qui étonnent et déconcertent la droi-
ture et le bon sens, alors même qu'elles sont
strictement conformes à la loi.

On dit qu'il est quelquefois téméraire et
qu'il paraît audacieux de porter la main sur

' l'arche sainte, mais alors, qu'on cesse de parler de réformes.

Dans ses rapports avec la justice, l'ordre
civil présente encore de choquantes inégalités
qui vont fréquemment jusqu'à l'oppression.

L'état du peuple, en matière de justice,
dans notre pays si renommé entre tous par
sa civilisation, son esprit libéral et ses mœurs
douces et humaines, est cependant des plus
précaires, c'est là surtout parce que les abus
et les privilèges dominent.

Quand la justice se paye elle ne peut être
rendue ni promptement, ni complétement.
C'est alors le plus intolérable des impôts.

Notre vieille société doit se renouveler de
bon gré, sous peine d'éclater quelque jour et
alors sauve qui peut.

C'est précisément parce que nous voudrions
éviter un cataclysme effroyable que nous pre-
nons le droit de parler ainsi ; nous voulons
mettre l'administration et la justice en harmonie avec le progrès incessant de la science,
avec les transformations continuelles de la
mécanique.

Que l'on y prenne bien garde, c'est là qu'est
le grand danger qui pèse sur le temps présent.

Aujourd'hui le code de procédure aidant,
les malheureux plaideurs sont exploitables à
merci, et les huissiers, les avoués, les avocats,
tout en faisant honnêtement leur métier,

traînent en longueur le plus possible un procès en litige, souvent d'une moindre importance que les frais de justice. Ils s'acharnent comme une meute affamée sur leurs clients qui deviennent leurs victimes et qu'ils ont bientôt dévoré.

Tous ceux qui n'ont pas le bon sens de pratiquer l'adage « *Un mauvais arrangement vaut mieux qu'un bon procès* » se trouvent pris dans l'engrenage des actes, enquêtes, incidents, requêtes etc., etc.; ils doivent renoncer à leur tranquillité et à leur repos et préparer beaucoup d'argent. Et s'ils n'ont pas une fortune qui leur permette de poursuivre leur adversaire, ils sont sûrs de perdre leur procès.

Dans ces conditions, le plaideur qui demande justice est forcément exploité; c'est le métier qui le veut.

Plus il y a d'actes, plus les honoraires sont élevés, tant pis pour ceux que les circonstances obligent de faire ou de soutenir des procès.

Votre code de procédure, on le sait, autorise toutes les éternités processives.

Nous avons vu des procès durer des années; c'est la ruine du petit commerçant, de l'industriel et ils amènent fatalement la faillite.

II. — LES FRAIS JUDICIAIRES DANS LES PROCÈS CIVILS

Une réforme judiciaire est nécessaire ; elle s'impose aux représentants des opinions les plus opposées. Le public l'attend impatiemment.

Que sont les frais judiciaires ? un impôt. Est-il juste qu'un impôt soit prélevé sur la misère ? Posée ainsi, la question est déjà résolue. Oui, les frais judiciaires sont iniques parce qu'ils sont excessifs, injustifiables ; ils sont immoraux parce qu'ils atteignent avec une rapacité inouïe et implacable les pauvres. Les lois en vertu desquelles on les exerce sont vermoulues. Les moyens par lesquels on les perçoit sont scandaleux et barbares.

On pourrait supprimer d'abord les avoués, dont l'ingérence absolument inutile dans certaines poursuites, augmente encore les frais. On pourrait augmenter la compétence des justices de paix, en les rendant arbitres de certains délits assez minimes et qui ressortent cependant du tribunal de première instance.

Je vais faire une comparaison qui apportera peut-être un peu de lumière.

J'ai là le total des frais de poursuites nécessaires pour arriver à une vente en matière de contestations, ils sont calculés sur un loyer de 1,800 fr. A combien s'élèvent-ils quand la vente a lieu sur place? A 31 fr. 02 cent. En regard, je mettrai la liste des frais payés à un huissier de Paris pour un effet de 1,500 fr. Ils s'élèvent à 487 fr. 15 c. Je ne parle point des intérêts.

Dans le premier cas, la paperasserie est évitée, les poursuites sont faites, non par un huissier ordinaire, mais par un représentant de la préfecture. Pourquoi les poursuites en matière commerciale ne seraient-elles pas exercées d'une façon aussi sommaire?

Ici la cause se trouve singulièrement élargie. Les deux parties en présence s'appellent le débiteur, c'est-à-dire la faiblesse; la loi, c'est-à-dire la force. Une fois de plus, nous voyons la force écrasant la faiblesse. Et le crime est d'autant plus grand que, dans l'espèce, c'est l'Etat, le défenseur naturel des particuliers, qui détient la force, qui abuse d'elle.

Que la Loi soit implacable pour les débiteurs de mauvaise foi, je le comprends. Et je voudrais que, en toute circonstance, le débiteur de mauvaise foi soit traduit à la barre des tribunaux.

Mais il arrive souvent qu'un honnête artisan, ou employé ou ouvrier, que les cruelles nécessités forcent à emprunter ou à endosser un billet; celui-là ne trompe pas un marchand. Il a contracté une dette uniquement parce qu'il comptait sur sa profession, sur ses appointements, sur un travail constant, pour la solder.

Alors, qu'un accident arrive, que la maladie prive l'employé de ses appointements, et le manque de travail l'ouvrier des ressources nécessaires à la sécurité de ses affaires, ils ne peuvent payer à l'échéance. Arrive chez eux un vrai déluge de papier timbré, les frais vont leur train, et le débiteur se voit bientôt dans l'impossibilité de payer.

La conséquence est la vente du mobilier. — Cette vente est encore un procédé d'un autre âge, auquel il faut renoncer complètement, comme on a renoncé à l'emprisonnement pour dettes.

La vente est d'ailleurs peu pratiquée en province; les honnêtes gens qu'on appelle les ruraux ne voudraient pas employer un tel moyen. Paris et les grandes villes l'ont encore en usage.

Contentez-vous donc désormais de l'opposition, car la vente constitue elle-même le plus abominable des abus. Savez-vous en effet ce que c'est qu'une vente? C'est un vol. Oui, l'Etat qui permet la vente, permet le vol et s'en rend même complice, avec la somme qu'il perçoit sur les frais.

Faut-il un exemple?

J'ai acheté un mobilier de 4,000 fr. sur lequel je dois encore 200 fr., vous me faites vendre : le mobilier produit bel et bien 800 fr., après m'avoir écrasé de frais, vous me volez

3,200 fr. et vous m'obligez à racheter à crédit un second mobilier.

Non seulement vous me volez, mais vous me contraignez à créer de nouvelles dettes qui faciliteront d'autres vols.

En vérité, quand on parle de ces choses, on marche dans la boue. Aussi demandons-nous une revision immédiate du code de procédure.

Je ne suis pas l'apôtre de l'injustice et de l'inégalité; je demande que l'on indemnise les huissiers privés de leur charge. Peut-être cela coûtera-t-il cher, mais qu'importe le sacrifice d'argent.

Dans un Etat civilisé, les impôts extraordinaires doivent être fournis, non par ceux qui ont déjà du mal à payer les impôts de consommation, mais par ceux qui possèdent.

On me parlera des millions que les frais judiciaires rapportent à l'Etat. Un Etat comme la la France ne doit pas recevoir des millions puisés à cette source.

Ce n'est pas seulement la justice civile qui doit être révisée au point de vue des frais; c'est aussi la justice commerciale.

La valeur moyenne des effets de commerce qui sont protestés sur la place de Paris, est d'environ 300 fr.; les traites plus fortes émanent en général de souscripteurs ayant plus de solidité; les traites plus faibles donnent fréquemment et fort heureusement lieu à des arrangements entre les intéressés.

Nous avons lu bon nombre de dossiers nous permettant de suivre la marche d'une traite de 300 fr. à travers les coûteux méandres de la procédure.

C'est effrayant, ainsi qu'on va le voir, et encore nous supprimons les centimes et quantités négligeables.

Protêt, coût : 6 fr. C'est le début.

Assignation à comparaître devant le tribunal de commerce, coût : 9 fr.

Jugement avec sa signification, coût : 40 francs.

Le lendemain de la signification, commandement d'avoir à exécuter :

Coût : 10 fr.

Est-ce tout ? Nullement.

Si le débiteur ne peut encore s'acquitter, il faut poursuivre l'exécution du jugement. C'est la saisie, coût : 20 fr.

Lorsque la saisie est effectuée, le débiteur, poussé par la crainte de voir une vente publique, la ruine matériellement et moralement, fait quelque effort suprême.

On a recours aux soldes ; on donne pour 200 francs ce qui a coûté 500 fr. et qu'on aurait dû revendre 700 à 800 fr.

Une partie de la dette est donc acquittée ; mais il reste l'autre partie et les frais de justice.

Par des atermoiements auxquels les créanciers consentent souvent, car ils trouvent que
les fameux « coûts » seraient lourds à payer,
s'ils restaient par hasard à leur compte, l'affaire se prolonge. Il se produit en moyenne
deux significations de vente à 10 fr. pièce,
coût : 20 fr.

C'est en vain que le débiteur verse quelques
petits acomptes, les affiches de la vente sont
préparées, coût : 20 fr.

Le débiteur, comptant sur des ressources
prochaines, probables, certaines même, veut-il,
pour obtenir un dernier délai, s'adresser à
l'audience des référés du président du tribunal civil? coût : 60 fr.

Maintenant si on veut bien récapituler cette
énumération fantastique, on trouvera que la
dette de 300 fr., payée au dernier moment, est
devenue, dans l'espace de quatre mois en
moyenne, une dette de 480 fr.

Ce ne sont là que les frais de justice prélevés par le trésor, sans tenir compte des frais
d'hommes d'affaires, honoraires, etc.

III. — LA RÉFORME DES FAILLITES

La réforme des faillites doit aussi vivement
préoccuper les légistes. Un des plus grands
abus dans une faillite, c'est la manière de
procéder des syndics.

La procédure réglée par la loi de 1838 est

une mine d'or pour eux ; cette loi les arme de pouvoirs exorbitants dans l'administration qui leur est confiée. Il faudrait empêcher qu'ils abusassent d'une situation exceptionnelle.

Les lourdes contributions qu'ils prélèvent sur le plus clair de l'actif des faillites, sont déjà une charge assez considérable, sans qu'ils y joignent des procédés plus vexatoires.

Il est vrai que le syndic est doublé d'un juge-commissaire qui est censé exercer la surveillance sur tous les autres ; mais, hélas, le magistrat contrôleur exerce une mission purement gratuite ; à la différence du syndic, et comme il arrive le plus souvent, ce qui semble ne rien coûter, finit par coûter fort cher.

Le contrôle est à peu près illusoire, le syndic reste le directeur absolu de la gestion des faillites.

Qu'on s'étonne, après cela, qu'une faillite, qui devait rapporter 90 0/0 d'après l'inventaire dressé au lendemain de la déclaration, diminue si bien entre les mains du syndic, qu'on ne retrouve, après une liquidation laborieuse, qu'un dividende de 10 ou 15 0/0.

Et les gens s'enrichissent si bien grâce au système de procédure, aboutissent à des résultats tels qu'ils se retirent de leur charge après dix ans d'exercice, avec une fortune d'agent de change, et s'arrogeant encore le droit d'insolence envers ceux qu'ils dépouillent.

Définissons bien le rôle d'un syndic ; on verra alors jusqu'à quel point une réforme judiciaire, en pareille matière, est nécessaire.

Ce rôle semblerait devoir viser à ne pas laisser à l'abandon un fonds commercial qui est menacé de s'effondrer par une déclaration de faillite.

Si le débiteur est impuissant ou inhabile à continuer la gestion, il faut qu'un administrateur intelligent lui soit substitué.

Il serait alors de bonne logique que les créanciers assemblés, nomment eux-mêmes leurs syndics, en les prenant de préférence parmi eux, et en lui conférant le mandat bien défini d'administrer, d'une façon ou d'une autre, au mieux des intérêts communs, avec la plus stricte économie, c'est-à-dire sans l'intervention des gens de justice.

Mais la loi de 1838, qui sévit encore sur le commerce, en dispose autrement. Les biens de la faillite seront administrés par un syndic que nommera le Tribunal de commerce ; les créanciers ne seront même pas consultés sur ce choix.

Une fois nommé, le syndic soupèse ce que la faillite peut lui rapporter, suivant les incidents judiciaires qu'il pourra soulever à son grand profit.

Les malheureux créanciers passeront par

la même tutelle qui leur est imposée, et s'ils osent se plaindre de ce que le fidèle berger s'est changé en loup féroce, on les met à la porte. Bien heureux encore quand le syndic ne trouve pas moyen de les mettre eux-mêmes en faillite.

En effet, on a cité de nombreux exemples d'individus qui se croyaient sincèrement créanciers d'une faillite, mais qui par suite des comptes établis par le syndic, se trouvaient subitement changés en débiteurs.

Il est temps que cet état de choses cesse.

Deux honorables députés ont pris en mains la défense des créanciers contre messieurs les syndics; ce sont MM. de Saint-Martin (Vaucluse) et Vergoin.

***

Et la procédure, en matière de chasse, n'est-elle pas des plus indignes. Qu'un cultivateur, propriétaire ou fermier, par mesure d'ordre et de conservation de sa récolte, tende un piège à un malheureux lapin en temps prohibé, qu'il soit surpris par un garde, aussitôt le délinquant est condamné quelquefois de huit à quinze jours de prison et de 200 à 250 francs d'amende et aux frais, ce qui monte quelquefois à 400 ou 500 francs.

Qui donc cet honnête homme a frustré en tuant un lapin qui dévastait son jardin, pour être ainsi condamné à une peine aussi grande ?

A qui donc appartenait réellement ce lapin ou
ce lièvre, si ce n'est au fermier qui le nour-
rissait?

Maintenant, plaçons-nous au point de vue
moral.

Quelles seront les suites fatales d'une semblable iniquité : la ruine, la misère, souvent
la désunion dans le ménage.

IV. — Le Fisc

D'autres abus, d'autres inégalités existent
dans la justice. Un riche meurt, le fisc prélève sa part de la succession, et cela est très
juste, les héritiers peuvent payer aisément,
sans gêne, leur part est encore assez belle.

Mais l'ouvrier qui, par un long travail assidu,
secondé par des circonstances heureuses et
par une sévère économie, aura péniblement
recueilli quelques faibles épargnes et qu'en
mourant il puisse laisser aux siens, la veuve
et les orphelins croient pouvoir jouir, sans
conteste, de la petite fortune que leur a laissée
le chef de famille.

Mais il n'en est pas ainsi dans notre société.
Le fisc accourt instamment, procède et dévore
en frais inévitables le petit héritage appartenant à des orphelins mineurs, le fruit sacré
d'un labeur incessant d'un pauvre père de
famille mort à la peine.

Il y a quelques abus encore plus iniques, plus

barbares et plus révoltants. Le bien du mineur
est-il grevé d'une dette que pour l'acquitter,
il faut vendre tout ou en partie de l'héritage,
alors les frais de justice ne finissent plus. Un
mineur ne peut liquider ses biens en litige.
Il est d'abord procédé à la nomination d'un
conseil de famille composé de six personnes,
trois du côté paternel et trois du côté mater-
nel, assisté du juge de paix du canton, ce qui
est très juste.

Il faut ensuite qu'un jugement du Tribunal
civil ordonne la liquidation et ce jugement
coûte de 7 à 800 francs, ensuite les hommes
de la loi, indispensables à la liquidation,
s'abattent sur la modique succession comme
des oiseaux de proie à la curée et ont vite fait
d'en dévorer la plus grande partie. C'est
d'abord les huissiers et avoués poursuivants,
avoués co-licitants, notaires, etc., etc. En fin de
compte, la fortune du mineur est complètement absorbée par les frais de justice.

Ces formalités ruineuses ne sont-elles pas
iniques et d'un autre âge que le nôtre. Est-ce
que le conseil de famille assisté du juge de
paix, connaissant exactement la situation en
litige, ne pourrait pas procéder seul et sans
frais à la liquidation des biens du mineur que
la loi a mis sous leur protection.

Evidemment, puisque c'est d'après leur
conseil qu'agit la justice.

***

V. — Liberté de la Défense en matière civile

Nos défenseurs en justice ont été, tout récemment, l'objet d'attaques à la Société d'économie politique de la part de M. Frédéric Passy, qui ne leur a pas ménagé de durs reproches.

Cet économiste admet parfaitement un ordre les avocats, mais un ordre libre, se constituant comme une société quelconque, à laquelle personne ne serait forcé de s'affilier.

Pour les plaideurs, sans doute, la qualité de membre de cette société serait une recommandation. Mais on pourra plaider soi-même sa cause ou s'adresser ailleurs, tandis qu'aujourd'hui il est impossible de se passer, devant les tribunaux, du ministère d'un avocat.

Il y a là une infraction réelle à la liberté des professions, une limitation notable du droit des parties de se faire défendre par qui leur plaît.

M. Passy est persuadé que dans maintes circonstances, des personnes confieraient leur cause à des gens ayant vu de près l'affaire en litige et la connaissant mille fois mieux que l'avocat le plus habile.

Suivant M. Courtois, un économiste aussi, il s'agit de savoir si les avocats font partie du groupe d'individualités qui, sous l'étiquette de l'Etat, coopèrent, à des titres divers, à la pro-

4.

duction de la sécurité ou si on peut les assimiler à des industriels ordinaires.

M. Courtois n'hésite pas à les classer parmi les industriels ordinaires.

On ne saurait en effet comparer l'avocat au magistrat; le premier représente un intérêt particulier, quand le second sert l'intérêt général.

L'avocat est tenu au secret professionnel, son devoir lui interdit de révéler des vérités contraires aux intérêts de son client, tandis que le magistrat cherche la vérité abstraite, sans réticence comme sans préoccupation d'intérêts individuels.

Les services de l'avocat sont rémunérés par le client, ses bénéfices croissent avec son mérite, son savoir, sa réputation, tandis que le magistrat est payé par l'Etat, son avancement ne dépend pas du public consommateur.

Or, la loi, les règlements, les usages sont en contradiction avec ces principes.

Pour eux, l'avocat est un être supérieur, étranger aux faiblesses humaines, ne travaillant que pour l'art, sans souci des besoins de la vie, défendant la veuve et l'orphelin et ne devant rien réclamer pour ses services, car les règlements de son ordre ne lui permettent pas de poursuivre en justice pour le payement de ses honoraires.

Voilà qui est bien, direz-vous, mais M. Courtois ajoute :

Si la loi ne donne pas, contre un client de
mauvaise foi, d'action à l'avocat, ce dernier a
comme ressource de faire à l'avance déposer
les honoraires convenus, ressource dont il use
et abuse sans vergogne.

L'avocat est donc un industriel et non un
homme de justice.

Il serait plus conforme au principe de justice que l'avocat, comme le juge, appartienne directement à la magistrature et soit
salarié par l'Etat, ce qui est en droit la justice
accessible à toutes les classes de la société, et
ensuite que, devant toutes les juridictions, chacun pût être défendu par celui qui à tort ou à
raison, aurait la confiance du plaideur et serait
de son choix. A plus forte raison, le plaideur
devrait-il pouvoir soutenir lui-même ses intérêts à sa guise et sans être forcé d'employer de
coûteux intermédiaires qui, souvent, ne se
donnent même pas la peine de bien étudier sa
cause.

Nous demandons donc la liberté de la défense en matière civile et la création d'un jury
correctionnel.

VI. — LA JUSTICE VÉNALE

N'est-ce pas aussi le comble de l'infamie
dans une société civilisée, que la loi coûte trop
cher pour que les pauvres puissent l'obtenir.
C'est cependant ce qui arrive tous les jours.

En voici un exemple frappant.

Une honnête et digne mère de famille travaillant de toutes ses forces pour élever honnêtement ses enfants, son mari est un mauvais sujet, il la bat, la pille et dépense au cabaret l'argent qu'elle gagne. Elle s'adresse alors à la justice pour qu'elle la protège. Les gens de loi lui disent : oui, vous avez raison, votre mari est indigne du foyer conjugal, on vous fera justice, mais cette justice vous coûtera 500 francs, juste ce qu'il lui faut pour nourrir sa famille pendant un an.

Le mari est le chef de la communauté tant qu'on n'est pas séparé par la loi, et cette loi là coûte 500 francs.

Plaider devant les tribunaux civils entraîne à des frais énormes et inaccessibles aux artisans qui vivent à grand' peine d'un salaire insuffisant.

Qu'une mère ou un père de famille, appartenant à cette classe toujours sacrifiée, aient pour obtenir une séparation de corps ou le divorce, qui existe maintenant, tous les droits possibles,

L'obtiendront-ils ?

Non, car il n'est pas un seul ouvrier en état de dépenser 4 ou 500 francs pour les formalités onéreuses d'un tel jugement.

Pourtant le pauvre n'a d'autre vie que la vie domestique, et la bonne ou la mauvaise conduite d'un chef de famille, n'est pas seulement une question de moralité, c'est aussi une question de paix.

Le sort d'une honnête mère de famille, tel que nous venons d'essayer de le dépeindre, mérite-t-il donc moins d'intérêt, moins de protection que celui d'une femme riche qui souffre des désordres et des infidélités de son mari.

Rien de plus digne de pitié que les douleurs de l'âme, mais lorsque ces douleurs sont supportées par une malheureuse, ne sont-elles pas insupportables au point de vue de la misère où sont plongés ses enfants innocents.

N'est-ce pas monstrueux que la pauvreté de cette femme la mette hors la loi.

Et cette monstruosité existe, et dans cette circonstance un repris de justice peut nier avec droit et logique, l'impartialité des lois auxquelles il est condamné.

Est-il besoin de dire ce qu'il y a de dangereux pour la société de justifier de semblables attaques; quelle sera l'influence et l'autorité morale des lois dont l'application est absolument subordonnée à une question d'argent.

Lorsque des gens sont trop pauvres pour pouvoir invoquer les bénéfices d'une loi éminemment préservatrice et tutélaire, la société ne devrait-elle pas, à ses frais, en assurer l'application par respect pour la moralité, pour l'honneur et le repos des familles.

VII. — DE LA PRÉVENTION

Ce qu'il y a surtout de plus injuste, de plus inique et de plus révoltant dans les lois judiciaires, c'est la prévention que souvent un innocent est obligé de subir.

Là encore, quelle sévérité pour le pauvre; sur le moindre indice de délit on l'enlève, on le prive de son travail qui nourrit sa famille. Pour lui, point de caution, qui la fournirait? On le jette en prison sans le moindre souci des lamentations de sa mère, de sa femme ou de ses enfants en bas âge.

Là, dans cette prison, victime d'une erreur judiciaire, il y reste 5 ou 6 mois, quelquefois plus, en attendant qu'on instruise son procès; honnête et bon il est jeté au milieu de ce que la société a de plus corrompu, de plus immonde et de plus pervers.

Pendant ce temps, que font les magistrats investis du pouvoir absolu et discrétionnaire de rendre la justice humaine au nom de la loi.

Il s'en vont se reposer à la campagne, sous les ombrages de leurs riantes villas, prendre leurs plaisirs tout aristocratiques.

Croyez-vous que si le prisonnier, par ses connaissances, son nom, sa situation de fortune, ses relations, appartenait à ce qu'on appelle encore les classes supérieures, on oserait prolonger ainsi son supplice préventif. Non, on se souviendrait alors des prescriptions de la loi ou, même à défaut de la loi, de l'humanité qui parle un langage impératif et sacré.

Mais le prolétaire, est-ce bien un homme, ce n'en est du moins pas un pour vous, hauts et puissants seigneurs, maîtres dédaigneux de cet esclave.

Quand enfin la justice a reconnu l'innocence de son prisonnier, à celui qu'elle tenait sous les verrous depuis plusieurs mois, elle dit : va-t'en ; il sort alors, avec sa santé ruinée, sa réputation et son avenir perdus.

Dans bien des circonstances, la société manque de prévoyance et de sollicitude envers ses membres ; pour les encourager au bien, la loi songe à punir, jamais à prévenir le mal.

VIII. — DES PRIVILÈGES EN MATIÈRE JUDICIAIRE

La justice n'est pas équitable et est mal définie.

Ainsi, un homme riche, intelligent, instruit, jouissant de l'estime publique et revêtu d'un caractère officiel, tel qu'un banquier, un notaire, un huissier, etc., volera, non pas pour manger, mais pour satisfaire à de nombreux caprices, ou simplement pour tenter les chances de l'agiotage, il volera, non pas 100 francs, la nuit en escaladant un mur au péril de sa vie, mais 100,000 francs, un million, en plein jour, en face de tous, volera, non pas un inconnu qui aura mis son argent sous la sauvegarde d'une serrure, mais un ami, un client qui aura mis son argent sous la sauvegarde de la probité de l'officier public que la loi désigne à sa confiance.

Le crime, alors, change de pénalité, même de nom quand il est commis par certains privilégiés.

Cela est appelé abus de confiance, c'est plus délicat, plus en rapport avec la considération et la condition sociale de ceux qui commettent ce délit. Et puis, le crime ressort de la cour d'assises, tandis que l'abus de confiance relève de la police correctionnelle.

Maintenant, qu'un malheureux vole avec effraction un pain pour assouvir sa faim, il est condamné à 20 ans de réclusion.

De sorte que plus les coupables ont de lumières, d'intelligence et de considération, plus la loi se montre indulgente pour eux.

C'est-à-dire que la loi réserve ses peines les plus terribles, les plus infamantes, pour des misérables qui ont, je ne voudrais pas dire pour excuse, mais du moins pour prétexte l'ignorance, la misère où ils croupissent.

Cette partialité de la loi est barbare et de mœurs immorales.

Frappez impitoyablement le pauvre s'il attente au bien d'autrui, mais frappez de la même peine le riche, l'officier public qui attente au bien de ses clients.

Il faudrait pour cela, que grâce à une réforme législative, l'abus de confiance fût qualifié de vol et assimilé, par le minimum de la peine, au vol domestique avec effraction et récidive, et que la compagnie à laquelle appartiendrait l'officier public, soit responsable de la somme volée en sa qualité d'officier mandataire.

Pourquoi n'y aurait-il pas solidarité entre les huissiers, les notaires, comme il y en a, par exemple, entre les membres de certaines compagnies d'agents de change, de commissaires priseurs ? Les officiers ministériels ont un privilège qu'ils tiennent de la loi, de l'Etat ; ils sont ainsi obligatoirement désignés à la confiance de ceux qui sont dans la nécessité de recourir à leur ministère. Pourquoi ces officiers publics ne seraient-ils pas légalement liés aussi par l'obligation de se surveiller entre eux ? Pourquoi ne seraient-ils pas responsables les uns des autres ? Jamais un notaire ne malverse, sans que ses confrères n'en aient d'avance de soupçons, pour ne pas dire la presque certitude. N'ont-ils pas des chambres de discipline ? Que l'on augmente les attributions et les pouvoirs de celles-ci, et comme sanction que l'on augmente surtout les ressources, c'est-à-dire la bourse commune.

La plaie du notariat, faut-il dire du notaire

seulement? c'est la concurrence, c'est la course effrénée aux affaires; c'est pour les notaires une cause de ruine et de déconsidération.

Si l'on attribuait à la bourse commune une portion importante des honoraires proportionnels, si le notaire ne gardait pour lui individuellement que la part qui rémunère strictement son travail et stimule son émulation, on fermerait cette plaie de la concurrence.

Avec la responsabilité collective de la corporation payant à l'aide de la bourse commune, on ne verrait plus de ces déconfitures lamentables, de ces fuites soudaines; le public y gagnerait en sécurité, les notaires en prestige et en considération. Ils se ramèneraient la confiance des pères de famille, la vertu notariale refleurirait et tout le monde y gagnerait.

IX. — L'INSTRUCTION PUBLIQUE DOIT ÊTRE LA PRÉFACE DE TOUTES LES RÉFORMES SOCIALES. — L'INSTRUCTION DOIT ÊTRE GRATUITE, LAÏQUE ET OBLIGATOIRE.

De toutes les questions sociales à l'ordre du jour, la plus importante est celle de l'enseignement.

L'instruction et l'éducation sont les premières bases de toute la richesse sociale.

De là cette conclusion qui place l'éducation, culture de l'homme, au-dessus de l'agriculture elle-même.

Elle résiste, en effet, à toutes les catastrophes ; elle défie les ennemis les plus redoutables et elle nous conduit aux autres richesses, et quand, par malheur, nous avons perdu celles-ci, elle leur survit et nous console en nous procurant les moyens d'acquérir de nouvelles connaissances.

Si la société est obligée d'assurer à tous ses membres la subsistance qui alimente le corps et développe les organes physiques, elle n'est pas moins obligée de lui assurer l'éducation et l'instruction qui moralisent en développant l'intelligence.

Aujourd'hui, que le peuple a conquis sa souveraineté et qu'il est appelé, par la constitution même, à participer au gouvernement, il est plus que jamais nécessaire de lui donner une éducation politique et sociale qui s'accorde avec le principe de la démocratie, et qui le mette à même de connaître les conséquences sociales qui en découlent.

Tous les efforts d'un gouvernement fidèle à son mandat, doivent tendre non seulement à administrer et à instruire, mais surtout à moraliser le peuple en lui inspirant l'amour de l'humanité et en l'attachant à la République ; le gouvernement a encore le devoir d'enseigner aux enfants les grands principes démocratiques, les hautes et sublimes vérités qui constituent les vertus sociales, afin de donner à la

République des citoyens dignes de la défendre et de la conserver.

L'ignorance est la source de tous les maux qui ont désolé et ensanglanté le monde; c'est à la faveur des ténèbres dont elle a obscurci la terre, que les peuples ont été plongés dans l'oppression.

Si l'on veut affranchir le peuple de la faim, il faut, avant tout, l'affranchir de l'esclavage, de l'ignorance. C'est l'ignorance qui a amené la cupidité, une des sources de tous les tourments de l'homme.

C'est par l'ignorance que, se faisant de vaines idées de bonheur, l'homme a méconnu toutes les lois de la nature, dans les rapports de lui-même aux objets extérieurs, et qui nuisent à son existence; il a violé la morale individuelle, c'est par elle qu'il ferme son cœur à la compassion et son esprit à l'équité, il a affligé son semblable et violé la morale sociale.

Par l'ignorance et la cupidité, l'homme s'arme contre l'homme, la famille contre la famille, la tribu contre la tribu. Est-ce que ces horreurs doivent exister dans une société instruite et civilisée. Par ignorance, la société s'est partagée en oppresseurs et en opprimés, en maîtres et en esclaves.

Par elle, tantôt audacieux, tantôt insolents, les chefs des nations ont tiré le fer de leur propre sein, et l'avidité mercenaire a fondé le

despotisme politique. Tantôt hypocrites et ru-
sés, ils ont fait descendre du ciel des pouvoirs
menteurs, un joug sacrilège, et ont ainsi fondé
le despotisme religieux.

Par elle enfin se sont dénaturées les idées du
bien et du mal, du juste et de l'injuste, du
vice et de la vertu, et les nations, com e les
peuples, se sont égarés dans un labyrinthe
d'erreurs et de calamités.

La cupidité de l'homme et son ignorance,
voilà les génies malfaisants qui ont perdu le
monde. Voilà les décrets du sort qui ont renversé les empires si florissants. Voilà les ana-
thèmes célestes qui ont frappé jadis ces murs
glorieux et converti la splendeur d'une ville
opulente en une solitude de deuil et de ruine.

Puisque c'est de l'ignorance de l'homme que
sortirent tous les maux qui inondèrent la
terre et renversèrent les grands empires, c'est
dans l'instruction qu'est le remède et qu'il
faut le chercher.

Et le but des rénovateurs de notre siècle
doit donc tendre de plus en plus à instruire
les hommes, puisque c'est de l'ignorance que
sont venus tous les maux.

L'enseignement étant le fondement de l'ordre social, il faut l'instruction égale, commune, morale, professionnelle, gratuite, et
obligatoire pour tous, et une indemnité pendant le temps de l'école aux enfants pauvres.

Eclairer l'esprit par l'instruction, la raison par la morale, tels sont les soins qui s'imposent à l'éducation, c'est-à-dire à la morale de couronner la vertu. L'éducation vulgaire ne se propose que la science pour objet ; le sage voit plus loin : le savoir est à ses yeux un progrès qui nous rapproche de la nature ou un instrument dont on doit diriger l'usage dans l'intérêt de la patrie et de l'humanité.

C'est pourquoi il faut donner l'instruction gratuitement ; s'efforcer de la répandre sur un plus grand nombre ; aller chercher les humbles jusque dans les conditions les plus infimes, pour les élever à la vie intellectuelle et morale.

Le gouvernement, qui s'est occupé avec le plus grand cœur de l'éducation du peuple, est celui de la Révolution. La Révolution avait voulu faire de nous des citoyens intelligents, pouvant soutenir leurs droits et défendre la patrie. Bonaparte, celui qui allait bientôt se faire appeler l'empereur Napoléon Ier, n'en fit que des soldats destinés à lui acheter de leur sang la gloire de dominer l'Europe. Il ne fit rien pour l'instruction du peuple, et la Restauration ne fit guère plus.

Il faut d'abord arriver en 1830 pour trouver un gouvernement qui, se réclamant des principes de la Révolution, ne craignît pas de propager l'instruction en France ; et c'est là l'impérissable honneur de M. Guizot d'avoir été l'auteur de la loi de 1833 qui fit faire de si grands progrès au pays.

Ce n'est pas sans avoir eu à vaincre d'ardentes et opiniâtres résistances, qu'a fini par prévaloir chez nous le principe de l'instruction primaire obligatoire qui, depuis 1763, est appliquée à la Prusse, et que la Convention nationale n'a pu proclamer qu'en 1793 et 95.

Au lendemain de nos désastres, il n'y avait plus moyen de s'y méprendre, c'était dans l'instruction qu'il fallait chercher nos chances de relèvement, la garantie d'un meilleur avenir. Il nous fallut faire, trop tard, hélas! ce que la Prusse avait fait dès le milieu du siècle dernier, donner à tous les Français l'instruction primaire, l'éducation politique et militaire.

Il s'est pourtant trouvé dans une Chambre française, élue au lendemain de nos désastres, une majorité capable de faire obstacle, pendant quelques années, à la satisfaction du grand intérêt de l'instruction obligatoire, et d'accueillir, avec une insurmontable aversion, le projet bien inoffensif que M. Jules Simon lui avait présenté le 15 décembre 1871.

Mais cette Chambre a fait place à une autre, qui, sur cette question du moins, ne s'est pas trompée. Toute résistance est aujourd'hui vaincue; et comme le service militaire est devenu obligatoire pour tous en vertu de la loi du 27 juillet 1872, le principe de l'instruction

obligatoire, gratuite et laïque, est désormais
consacré par la loi du 28 mars 1882.

Cette loi, éminemment réformatrice, a eu à
vaincre des critiques, des résistances bien in-
justes. Après avoir conquis la partie de la population qui était la plus facile à gagner, on
allait arriver à des couches sociales que leurs
habitudes rendaient plus rebelles à l'instruction obligatoire, plus réfractaires à son action
civilisatrice. Dès lors, si on eût voulu s'arrêter
à ces récrim nations non justifiées. ce n'était
plus de trente ans qu'il fallait parler, à sup-
poser qu'on pût les attendre, et en tenant
compte des obstacles de toute nature qu'elle
eût à vaincre pour forcer l'ignorance dans ses
derniers repaires, dans ses inexpugnables rem-
parts de pré ugés, d'égoïsme et de brutalité, il
y avait lieu de se demander si l'on en viendrait
jamais à bout.

Ce que l'on reprochait à l'obligation, ce n'est
pas seulement d'être inutile, c'est aussi de
porter atteinte à des droits sacrés, à commencer par ceux du père de famille.

Examinons impartialement cette objection.

Que le père de famille soit obligé d'instruire
son enfant et qu'il lui doive le pain de l'intelligence, comme il lui doit le pain du corps,
cela ne peut être mis en doute, ni contesté.
C'est une double obligation que le code civil
lui impose et avant que le législateur ne l'eût
inscrit dans la loi la nature l'avait gravée dans

les cœurs. Mais des parents, moralement et légalement obligés à remplir leurs devoirs, les uns s'y soumettent et les autres s'y dérobeut. C'est en faveur des derniers que réclament au nom de la morale et de la liberté, les adversaires de la loi du 28 mars 1882, c'est-à-dire au profit de ceux qui, par indifférence et par avarice, laissent leurs enfants grandir dans l'ignorance.

La loi laissant le père entièrement libre ou d'instruire lui-même son fils ou de le faire instruire par qui bon lui semblera, comment qualifier le droit qu'il invoquerait d'attacher son fils à l'ignoble glèbe de l'ignorance?

Quel argument pourrait-il invoquer? La dépense! Il n'en a plus à faire. En devenant obligatoire, l'instruction est devenue gratuite.

L'instruction a pour principe la morale et pour but le développement de l'intelligence qui contribue puissamment au bien-être général.

Nous ne voyons donc dans ces faits comment l'autorité paternelle serait méconnue.

La richesse publique s'augmente avec la richesse de l'intelligence.

Le thermomètre de la moralité d'un peuple monte ou descend, en raison de son instruction.

Plus il est ignorant, plus il est pauvre et immoral.

L'instruction obligatoire ayant pour but le bonheur de l'humanité tout entière, ne peut être combattue par le père de famille qui a lui-même l'obligation sacrée qui lui est imposée par la nature de travailler au bonheur des hommes en général et de ses enfants en particulier.

Loin d'affaiblir l'autorité du père de famille, l'instruction obligatoire ne fera que l'accroître, en inspirant plus de vertu et plus de respect aux enfants envers leurs parents.

C'est par l'instruction que les hommes s'élèvent au même niveau social. C'est par cette grande œuvre que nous pourrons commencer nos réformes, puisque c'est là que nous devons trouver la base de l'égalité vraie et pratique.

L'instruction étant égale et au niveau de tous, il en résulte une plus grande égalité dans l'industrie, dans la vie sociale ; bien dirigée, elle corrige l'inégalité naturelle des facultés au lieu de les fortifier, comme les bonnes lois remédient à l'inégalité naturelle des moyens de subsistance; dans les sociétés où les institutions ont amené cette inégalité, la liberté quoique soumise à une constitution régulière sera plus entière que dans l'indépendance de la vie sauvage.

Alors l'art social aura rempli son but, celui d'assurer et d'entendre pour toutes les jouissances des droits communs auxquels ils sont appelés par la nature.

X. — Ecoles professionnelles d'Arts et Métiers

Depuis que l'enseignement est devenu obligatoire pour tous les Français, un grand nombre d'écoles ont été ouvertes afin de mettre le père de famille à même d'obéir aux prescriptions de la loi.

A l'avenir, chaque enfant, garçon ou fille, devra savoir lire, écrire, calculer, aura des notions d'histoire et de géographie, etc.

C'est à merveille, mais si l'on cultive l'esprit de l'enfant, ses forces physiques restent inocupées.

Cette regrettable lacune, dans l'éducation première, doit disparaître au plus vite, car les habitudes prises au jeune âge exercent une grande influence sur le reste de l'existence.

Il faut combler cette lacune par la création d'Ecoles professionnelles d'agriculture.

On a déjà beaucoup fait pour développer l'enseignement manuel en France, il reste encore à faire davantage.

Comme école industrielle, il n'y a guère que le Conservatoire des Arts et Métiers qui date de 1819.

Et le Conservatoire n'a qu'une faible influence sur l'instruction de la classe ouvrière.

L'Ecole centrale des Arts et Manufactures, fondée en 1827, forme des ingénieurs civils.

L'Ecole des Ponts et Chaussées produit des entrepreneurs et des chefs de travaux.

Aucun de ces établissements n'a pour mission d'apprendre des professions aux enfants de la classe laborieuse.

Aussi, dès 1873, la Ville de Paris a ouvert, au numéro 60 du boulevard de la Villette, une école municipale d'apprentis qui porte aujourd'hui la dénomination d'Ecole Diderot.

Les élèves sont initiés aux métiers de forgerons, tourneurs, ajusteurs, modeleurs, menuisiers, tourneurs sur bois, mécaniciens de précision.

Avant d'être admis, l'apprenti doit subir un examen ou bien fournir un certificat d'études primaires.

Trois autres écoles sont construites, d'autres sont en construction.

L'instruction professionnelle est de deux sortes; d'abord une instruction préparatoire qui consiste à connaître tous les éléments de toute profession, afin de mettre l'élève à même de choisir, l'autre qui, ce choix fait, enseigne la théorie et la pratique de la profession choisie.

L'une commencera pendant l'instruction générale, l'autre lorsque cette instruction générale sera terminée.

L'enfant doit d'abord apprendre l'instruction primaire et les éléments de sciences, grammaire, mathématiques. Ceci acquis, il lui faut encore autre chose, ce n'est pas précisément l'instruction intellectuelle qui lui servira, directement et immédiatement, dans la lutte pour l'existence. Ce qui lui importe, à ce point de vue, c'est de savoir une ou plusieurs professions qui le mettent à même de gagner sa vie sans dépendance personnelle.

Dans les campagnes, il n'y a guère de choix : l'agriculture s'impose pour ainsi dire. Dans les villes, les professions manuelles sont plus variées.

A l'heure qu'il est, dans les campagnes, les jeunes gens, s'ils manquent de goût pour les travaux des champs, sont obligés, quand ils veulent apprendre un métier, de choisir pour patron d'apprentissage, soit le charron ou le forgeron du village.

Dans les petites villes, ils trouveront bien un menuisier qui leur apprendra à raboter une plancher, un serrurier qui leur enseignera à poser une serrure, ils ne pourront guère aller au-delà.

Force sera donc de les envoyer dans le chef-lieu de leur département, pour qu'ils deviennent des ouvriers habiles.

Alors là, ils seront abandonnés à eux-mêmes, à l'âge où on a le plus besoin de bons conseils, ils resteront plusieurs années en proie à la contagion des mauvais exemples, car on ne s'y gêne pas avec les apprentis en bas-âge ; l'atelier est, pour eux, une école de débauche et de perdition.

On tient devant eux des conversations trop souvent immorales. On les emmène au cabaret, quand on ne fait pas pire.

Ne vaut-il pas mieux que l'enfant apprenne son métier à l'école dirigée par des maîtres irroprochables ?

XI. — ECOLES AGRICOLES

Ce qui doit surtout avoir un caractère professionnel, pour les enfants de la campagne, c'est la science agricole, l'agriculture proprement dite.

Pour arriver à ce but, il est nécessaire que les instituteurs titulaires comme les instituteurs adjoints, acquièrent des connaissances agricoles étendues, diminuant, par ailleurs, la somme des autres connaissances nécessaires pour obtenir leur brevet.

Pendant le cours de l'instruction générale ils donneraient à leurs élèves des notions d'agriculture, de chimie, de physique, etc., et une fois cette instruction terminée, ils commenceraient l'instruction professionnelle perprement dite.

Cette instruction serait principalement théorique, l'emploi agricole devant y joindre bientôt la pratique, et cette théorie étant ce que l'enfant ne sera plus à même, plus tard, d'apprendre. Celui-ci comprendrait ainsi et ferait avec goût ce qu'il fait aujourd'hui machinalement.

On cherche le moyen de relever l'agriculture, de la mettre en honneur, ce serait celui-ci le véritable. Si la pratique empêche la théorie de s'égarer, c'est que la théorie relève la pratique. Cette instruction n'a sa valeur entière que lorsqu'elle est donnée sur place. Dans les fermes modèles, ne vont le plus souvent que ceux qui peuvent se passer de l'agriculture pour vivre ; quant aux écoles régionales, elles ne conviennent qu'aux propriétaires qui veulent plus tard cultiver à leurs risques ; l'école agricole jointe à l'école communale, est seule efficace pour le paysan ; elle y est délivrée de l'internat, de tous faux frais ; c'est l'instruction professionnelle à domicile.

XII. — Ecoles professionnelles de jeunes filles

Ce que nous demandons pour les garçons, s'applique également aux jeunes filles, qu'on envoie apprendre un métier loin de la famille.

Privées ainsi de leurs parents, elles s'écartent trop fréquemment de la bonne route.

La femme ne doit pas être mise de côté au point de vue de l'instruction manuelle.

Des écoles doivent être créées, dans lesquelles on lui donnera d'abord l'instruction ménagère ; ménage, cuisine, blanchissage, couture, repassage, raccommodage, qui est obligatoire pour chaque élève ; ensuite, au point de vue de l'instruction générale, on y étudiera la langue française, l'arithmétique, l'histoire, la géographie, la comptabilité, la législation usuelle, le dessin dans ses applications industrielles.

Enfin on l'appliquera spécialement à l'étude de l'un des métiers suivants : lingerie, repassage, confection, broderie.

Avant d'examiner ce que doivent être les écoles professionnelles de jeunes filles, il s'agit déjà de se metre d'accord sur le rôle social de la femme.

Doit-elle être mise à côté de l'homme dans tous les ateliers où l'on peut utiliser ses services ?

Beaucoup de bons esprits, des philosophes, des économistes, pensent que le rôle social de la femme est limité aux devoirs d'épouse et de mère de famille, et que ce n'est qu'exceptionnellement que les femmes doivent travailler au dehors.

Ce qu'il nous faut en France, ce sont des mères fécondes, des épouses économes, qui veillent aux soins du ménage, élevant leurs enfants convenablement, et soignant leur mari.

Elles gagnent surtout, parce qu'elles empê-
chent de dépenser en introduisant dans le ménage l'esprit d'ordre et d'économie, l'épargne
salutaire, en retenant le mari au logis par un
intérieur gai et agréable.

Les beaux-arts, tels qu'on les enseigne dans
nos grandes écoles, musique, chant, danse,
etc., etc., dont on bourre le cerveau des jeunes
filles, souvent même avant de leur apprendre
l'arithmétique, si nécessaire dans le ménage,
sont superflus; c'est un privilège, comme une
exception à la règle générale.

La réforme de l'enseignement des jeunes
filles a été un bienfait; leur intelligence s'est
développée et s'est ornée de telle sorte qu'elles
deviennent des compagnes dignes de leurs
maris, si instruits qu'ils soient eux-mêmes.

Les jeunes filles des bourgeois sont élevées
comme si elles devaient avoir toutes une femme
de chambre et une cuisinière; elles ne savent
même pas faire un raccommodage, ni ce qu'il
faut pour assaisonner un lapin sauté.

Eh bien, il faudra descendre de ces hauteurs
brillantes pour rentrer dans la réalité simple
et vraie.

Je connais des jeunes femmes qui se sont
mises résolument à l'ouvrage; elles ont appris
à coudre, à tailler un vêtement pour leurs enfants, à chiffonner des rubans pour rajeunir
un chapeau, celles-là sont de bonnes femmes
de ménage qui aiment leurs maris, leurs

enfants, et qui amènent avec elles l'union, la
propreté et le bien-être moral.

Les autres, elles courent déjà les magasins
en attendant qu'elles courent les aventures;
ce sont celles-là qui amènent la discorde et la
ruine dans le ménage.

Ce qu'il faut s'appliquer à former, ce sont
des femmes aptes à leur rôle d'épouse et de
mère de famille. Les écoles professionnelles
de filles doivent être des écoles de ménage, et
le travail qu'on doit exiger d'elles a pour but
de compenser leurs frais d'entretien et leur
créer à leur sortie une dot.

C'est ce qu'ont compris les organisateurs
des deux orphelinats de filles actuellement
existants : les écoles des Andelys et de Vitry.

Dans le premier, on occupe 300 jeunes filles
de 12 à 20 ans, dans le second 110 filles du
même âge; le métier qu'elles exercent leur
donne une profession pour l'avenir et suffit à
payer leurs frais d'entretien et d'acquérir, à
leur sortie de l'orphelinat, une dot qui varie
de 300 à 600 francs aux Andelys, de 500 à
1,000 francs à Vitry.

Les jeunes filles travaillent dans des ateliers
spéciaux où ne sont pas admis les ouvriers,
elles n'ont aucun contact soit avec les ouvriers
soit avec les gens du dehors.

Ces jeunes filles, à tour de rôle, font la cuisine, nettoient et balayent toutes les salles et
ateliers de l'Orphelinat, travaillent à la lin-

gerie où elles coupent et cousent les vêtements, lavent et repassent, réparent et entretiennent leur linge et celui de la maison, en un mot, sont préparées à exercer toutes les fonctions d'une maîtresse de ménage.

Les jeunes filles au-dessus de 15 ans ont deux heures de couture prises sur le temps de travail; celles qui se préparent à subir leur examen pour le brevet d'institutrice suivent une heure et demie de cours le soir, pris sur le travail.

A Vitry, les enfants et les jeunes filles cultivent un potager qui fournit tous les légumes à l'Orphelinat.

Au sortir de ces deux institutions, les enfants qui y ont été admises n'ont rien coûté à leurs parents de 12 à 20 ans, et rapportent, en rentrant, un trousseau complet qui vaut 200 francs et une dot suivant l'aptitude au travail qu'elles ont montrée et le salaire qu'elles ont gagné.

Les propriétaires de ces deux établissements estiment que les huit années d'internat se divisent en trois périodes : la première de 12 à 15 ans, est onéreuse pour l'Orphelinat; la seconde, de 15 à 18 ans, permet de récupérer les avances faites pour les trois années précédentes; la troisième de 18 à 20 ans, leur sert de dot à leur sortie.

La question des écoles professionnelles de filles, sans sacrifices pour l'Etat et les com-

munes, nous paraît résolue par ces deux orphelinats.

Pourquoi n'en serait-il pas de même pour
l'école des garçons ?

Plusieurs écoles industrielles fonctionnent
déjà, telle que l'école Diderot, l'école d'horlo-
gerie créee par la Chambre syndicale en juillet
1880.

Le troisième type est une véritable école
formant des apprentis destinés à être des
ouvriers habiles.

XIII. — L'ECOLE PROFESSIONNELLE CHAIX

Dans cette école, la durée de l'apprentissage
est de 4 ans, on y forme des typographes, li-
thographes et graveurs, des conducteurs de
machines. Les cours théoriques sont donnés
dans l'établissement par des employés de la
maison et ont une durée de deux heures pour les
compositeurs et graveurs, et une heure pour
les margeurs et conducteurs.

Tous les mois, des concours établissent un
classement entre les apprentis de même année.
Il est tenu compte, pour établir ce classement,
du temps employé à composer le travail, élément essentiel d'appréciation, car dans l'industrie il faut faire vite et bien.

Dès leur entrée en apprentissage, les jeunes
employés de la maison Chaix reçoivent une

gratification journalière qui augmente gra-
duellement en raison de leur habileté. On peut
établir que la moyenne des salaires est de 1 fr.
1 fr. 75, 2 fr. 10 et 3 fr. 25 par jour.

Outre cette gratification payée aux parents
des apprentis, une bonification d'un quart est
inscrite, au nom de l'enfant, dans un livret,
à la fin de l'apprentissage; la moitié de ce
supplément est remise aux parents et la somme
varie, suivant les salaires accordés, de 400 à
500 francs, l'autre moitié est versée, par le
soin de la maison Chaix, partie à la Caisse
des retraites de l'Etat, partie à la Caisse
d'épargne, avec clause d'entrée en jouissance à
21 ans.

L'établissement Chaix accorde encore des
gratifications supplémentaires d'après le travail et la conduite de l'apprenti; elle lui constitue à la Caisse de retraite de la vieillesse une
rente viagère de 300 francs à l'âge de 55 ans,
une assurance sur la vie pour un capital de
500 francs et une autre contre les accidents;
enfin, elle attribue une part dans les bénéfices
réalisés aux compositeurs.

Cette œuvre, éminemment utile au point de
vue industriel, donne un exemple profitable.

Ce système a pour résultat de s'assurer un
personnel capable, habile, économe, et par
conséquent hostile aux grèves qui font perdre
de l'argent aux patrons et aux ouvriers et qui
sont la ruine de l'industrie.

XIV. — Ecoles Manuelles

Ce à quoi il faut surtout s'attacher, c'est de créer des écoles professionnelles d'agriculture dans les départements.

L'agriculture, classée dans l'enseignement scientifique, a droit, conjointement avec l'histoire, la géographie et l'histoire naturelle, à une leçon d'une demi-heure par classe.

Pour les travaux manuels d'une si haute importance, le rôle ne doit pas être le même à la campagne qu'à la ville. Il faut y prendre garde, il existe un programme strictement uniforme pour les centres industriels et les localités agricoles. La migration vers les villes est trop intense pour qu'on s'expose de gaieté de cœur à l'augmenter encore.

Bien au contraire, l'élève des écoles rurales doit apprendre à aimer l'agriculture, les leçons de travaux manuels doivent s'entendre dans le sens le plus large, et leur programme a besoin de s'adapter avec les nécessités locales.

Dans nos villages, par exemple, l'enfant recevra les premières notions d'économie rurale, il sera exercé à connaître les terres, les engrais, les plantes, les races d'animaux, il aura cette bonne fortune de suivre l'enseignement théorique à l'école et pratique à la maison paternelle.

Rien ne s'oppose, non plus, à ce que l'élève étudie l'arpentage dans le préau de l'école, au

milieu duquel une bande de terre labourée
servirait à faire manœuvrer une charrue de
petite dimension.

(Extraits du Petit Journal)

Si j'insiste pour qu'on ne reste pas dans le
statu-quo, c'est que la concurrence nous menace de tous côtés.

En Allemagne, principalement, l'enseignement manuel a reçu une impulsion considérable. En Prusse, en Bavière, il n'est pas une
ville grande ou petite qui ne possède son école
manuelle.

En conséquence, l'obligation s'impose à
l'Etat de proposer l'étude de la question aux
Conseils généraux, afin d'établir une école
professionnelle pour les deux sexes, sinon
dans chaque chef-lieu de canton, du moins
dans chaque arrondissement.

On objectera que c'est une charge à ajouter
au budget.

Sans doute, on ne construit pas une école
sans dépenser de l'argent. Mais, hors Paris, le
terrain n'est pas très coûteux, l'immeuble
construit, le matériel acheté, les frais seront
moins considérables qu'on le suppose. Et
puis, les travaux exécutés par les apprentis
des dernières années, constitueraient un revenu
annuel.

XV. — Cours de médecine usuelle a l'école

Les programmes de l'enseignement primaire renferment une lacune sur laquelle il est urgent d'appeler l'attention.

Les enfants des deux sexes apprennent à lire, à écrire, à compter; on leur enseigne l'histoire, la géographie, le dessin; on leur donne des leçons de morale, d'histoire naturelle; on assouplit leurs membres au moyen de la gymnastique; mais ils quittent l'école, après y avoir passé cinq années, sans avoir reçu la moindre notion de médecine usuelle.

Plus tard, quand les garçons deviennent pères de famille, s'il leur arrive un accident exigeant des soins immédiats, si leur femme est atteinte d'un malaise, si leur bébé est subitement pris de convulsions, les voilà qui perdent la tête, courent chez le médecin, qui n'arrive que plusieurs heures après, lorsqu'une médication des plus simples suffirait pour écarter tout danger.

Loin de moi la pensée qu'on fasse des médecins de nos fils, des doctoresses de nos filles. D'ailleurs, le temps manquerait pour obtenir ce résultat; et puis la plupart des sujets n'auraient nulle vocation pour l'étude de l'anatomie, aucun goût pour la dissection. Il s'agit seulement de mettre les élèves des écoles primaires à même de parer aux éventualités de la vie.

Je ne demande pas l'ouverture, dans chaque école primaire, d'un cours de médecine usuelle ; pareille mesure nécessiterait l'adjonction de professeurs spéciaux, et, par conséquent, entraînerait une charge nouvelle pour le budget, déjà si lourd, de l'instruction publique.

Il est un moyen pratique pour inculquer aux enfants les principes de médication sommaire. On sait que sous la rubrique « Leçons de choses », les professeurs font entrer dans l'esprit de leurs élèves une foule de connaissances variées. C'est ainsi qu'on leur fournit des renseignements sur la fabrication du pain, sur la minéralogie, sur les lois principales de la physique, de la chimie et de l'hygiène.

Pourquoi ne pas user du même procédé en ce qui concerne la médecine ?

Que l'enseignement de la médecine usuelle soit inscrit dans le programme primaire, et les librairies spéciales seront bien vite approvisionnées de volumes traitant la matière.

Nos plus célèbres praticiens se feraient un honneur de rédiger, d'une façon concise, sans employer des termes techniques qui les rendraient difficiles à comprendre, des traités à l'usage des élèves en bas âge.

Ces manuels nouveaux seraient achetés par les directeurs et directrices des écoles primaires de Paris et se propageraient ensuite dans les écoles de province qui voudraient suivre le mouvement.

Alors, parvenu à l'âge d'homme, l'ébéniste qui se blesserait la main, le serrurier qui se brûlerait en travaillant un fer rouge, le miroitier qui se couperait en maniant du verre, etc., etc., sauraient se soigner eux-mêmes.

XVI. — Ecoles industrielles

Il y a toujours un chiffre presque incommensurable de jeunes gens des deux sexes qui sollicitent des emplois d'instituteurs et d'institutrices.

Ce chiffre, déjà formidable, ne fera que s'accroître, si l'on ne prend pas le grand parti de diriger les études dans une voie nouvelle, si l'on ne donne pas à l'activité des jeunes Français, un aliment pratique, commercial, industriel, technique.

Nous sommes à une heure critique de notre histoire ; les nations sont comme de grandes maisons anonymes de commerce, auxquelles il est de première nécessité d'assurer un personnel industriel, commercial, spécialement instruit.

Pour être bien équilibrée, l'éducation d'un pays doit donc comprendre, outre l'enseignement classique général, qui prépare les jeunes gens aux carrières libérales, l'enseignement technique qui assure le recrutement des carrières industrielles et commerciales.

C'est ce dont on ne s'est pas suffisamment

préoccupé, en France, jusqu'ici. Et il faut attribuer en grande partie à ce manque de préparation spéciale, la situation défavorable actuelle de notre commerce, dont les transactions vont sans cesse en diminuant depuis 1881, époque à laquelle nos embarras financiers ont commencé.

C'est encore à l'enseignement professionnel qu'il appartient de préparer les voies à travers lesquelles nous devons retrouver le relèvement de notre commerce et de notre industrie.

Dans ces dix dernières années, l'Allemagne, avec son commerce extérieur, a augmenté du milliard dont le nôtre a décru pendant cette dernière période. Depuis 1880, le chiffre des produits manufacturés a baissé en France d'un demi-milliard, alors que l'Allemagne voyait sa production s'accroître de 700 millions.

Jadis, constate M. Siegfried, la balance du commerce était au profit de notre pays; elle est aujourd'hui à l'avantage de notre rivale.

Cet essor prodigieux est-il dû uniquement à l'action combinée de l'article 11 du traité de Francfort, qui stipule que le traitement de la nation la plus favorisée sera accordé à l'Allemagne, et à l'établissement du régime protecteur.

Nous croyons que cet état est le résultat de l'énergie déployée par nos voisins pour recueillir les bénéfices d'une situation économique et politique temporairement favorable, et surtout qu'il est le fruit du développement de leur enseignement technique.

On aime le commerce, sans savoir ce que l'on apprend. Or, si l'on n'apprend pas le commerce, on ne l'aime pas, on ne le pratique pas, ou bien on le pratique mal.

C'est là une vérité élémentaire qu'il est temps d'admettre.

L'inaptitude commerciale, telle est, résumée en un mot, la plus grande cause des échecs ruineux que nous subissons actuellement.

On peut dire, sans exagération, que l'immense majorité de nos négociants n'ont aucune culture commerciale antérieure à leur entrée dans la carrière.

Nous avons, à ce sujet, constaté à plusieurs reprises, combien la situation de l'enseignement commercial est précaire en France.

Nos écoles supérieures de commerce sont au nombre de six seulement, comptant 600 élèves en 1886. En ajoutant les 900 élèves des quatre écoles commerciales primaires, on arrive à 1,500 élèves se préparant aux affaires par l'étude, sur une population de 36,500,000 habitants directement intéressés à ce que le commerce national soit bien conduit et florissant.

C'est tout à fait insuffisant.

A l'étranger, nous voyons la situation de l'enseignement commercial toute différente : Ainsi, l'Allemagne compte 83 écoles de commerce de divers degrés avec 9,138 élèves.

L'Autriche-Hongrie a 302 écoles et cours pour le commerce, avec 4,955 élèves.

L'Italie, outre ses écoles et ses instituts techniques qui donnent l'enseignement commercial, compte 15 écoles de commerce.

La Roumanie possède 26 écoles d'arts et métiers, 6 écoles supérieures du commerce fondées par l'Etat et comptant 708 élèves.

La Russie possède 6 grandes écoles spéciales de commerce, les mieux dotées qui soient au monde.

Enfin, en Amérique, les Etats-Unis comptent 269 écoles de commerce, avec 52,479 élèves, dont 7,673 femmes.

Nous puisons ces quelques chiffres dans un livre de M. Léautey, intitulé : *L'Enseignement commercial et les écoles de commerce en France et dans le monde entier.*

Cet ouvrage, où se trouvent réunis les renseignements les plus circonstanciés sur la matière, permet de se rendre un compte exact des efforts faits dans les différents pays pour constituer un enseignement propre à développer les aptitudes commerciales de leurs nationaux ; il montre combien il reste à faire sous ce rapport en France.

Comme je le dis plus haut, c'est l'enseignement professionnel qui doit relever l'influence française en Europe et dans le monde entier. C'est aux législateurs à organiser les écoles professionnelles sur des bases où elles puissent rendre tous les services qu'on attend d'elles.

Enfin, la meilleure raison qu'on puisse invoquer pour la création des établissements d'enseignement manuel, c'est que la concurrence étrangère dans tous les corps de métiers prend des proportions de plus en plus considérables et devient un danger pour l'industrie nationale.

Sachons faire des sacrifices, afin de conserver intacte la position que nous avons acquise dans le monde entier de posséder chez nous des ouvriers dont l'habileté touche au domaine de l'art.

L'instruction professionnelle aura encore pour effet salutaire de prévenir le déplorable spectacle de l'émigration des campagnes pour la ville qui prend chaque jour des proportions énormes; cette tendance fatale qui grandit chaque jour est un véritable danger pour la société.

Ii faut que, sous la direction du maître, l'enfant s'éprenne d'un grand amour de la famille qui entraînera, non seulement l'amour de la patrie, mais du sol natal, qu'il se guérisse de cette maladie du siècle; les jeunes gens, sans expérience de la vie, s'en vont sur la foi d'un rêve, pour satisfaire trop souvent des appétits désordonnés qu'ils ont acquis dans la démoralisation des ateliers, jeter leur existence au sein de la vie agitée des cités populeuses les plus corrompues.

Il faut qu'ils apprennent qu'on trouve toujours le bien-être, le bonheur, dans la fécondité de la terre, qu'ils cherchent vainement ailleurs.

Le pavé des villes ne se fertilise pas, il n'y a point de sol si ingrat dans lequel les sueurs de l'homme et la rosée du ciel ne fassent germer pour celui qui le cultive la nourriture et la vie de l'homme.

Où nos pères avaient-ils puisé ces mœurs si douces et si pures dont la disparition laisse un vide si grand dans la société? c'est près du clocher du village, que nous retrouvons, par là seulement, cette atmosphère douce et sereine qui est pour nos membres délicats un souffla léger et vivifiant, c'est près du clocher que le vie de l'âme s'est formée, c'est là qu'elle a trouvé cette nourriture première et la meilleure, cette pureté qui a tant de charme pour les regards, ce calme de l'esprit qui ne disparaît jamais sans laisser d'amers regrets.

Ne vous laissez pas tromper par de vaines apparences, n'allez pas où l'on étouffe; restez où l'on respire, ne changez pas les joies saines, les besoins modestes que vous respirez à la campagne, contre les joies factices, les espérances désordonnées et les besoins insatiables des villes, où l'existence est trop rapide pour être bonne et où les meilleurs fruits perdent leur saveur.

Restez près de la famille, vivez-y doucement

et en partageant les travaux et aussi le bon heur.

———✦✕✦———

CHAPITRE V

SOLUTION DU PROBLÈME SOCIAL PAR L'ASSOCIATION

I. — LE RÔLE DE L'ASSOCIATION DANS LE PROGRÈS MÉCANIQUE

L'histoire du travail a parcouru trois phases distinctes :

Le travail à coups d'étrivières de l'esclavage antique ;

Le travail du serf au Moyen-Age ;

Le travail salarié des temps modernes.

Cette histoire entre aujourd'hui dans une quatrième phase qui paraît la clore définitivement.

Le travail, librement associé au capital, ou plutôt le salaire transformé lui-même en capital et concourant avec lui sur le pied d'une complète égalité.

Le vertigineux essor donné à l'industrie par l'adjonction du progrès économique et l'invention de la vapeur et des machines est appelé à changer complètement l'organisation du travail.

On avait tout d'abord compris, dans une
devination de génie, que la conquête des forces
naturelles devait se faire au profit de tous et
en premier lieu de ceux qui sont accablés de
tout le poids du labeur ; la société capitaliste
que nous subissons n'a pas de vues aussi humaines.

Pour celle-ci, les découvertes de la science
et les appropriations de la force physique et
mécanique, au lieu d'être des gages d'amélioration immédiate et de délivrance pour les
asservis du travail salarié, ne sont que des
sources de bénéfices pour les possesseurs de
capitaux ; la collectivité vient après et les travailleurs n'y trouvent d'abord qu'un accroissement de misère,

Toutes ces inventions admirables, toutes ces
merveilleuses applications mécaniques qui ont
révolutionné le monde économique, devraient
être le gage de l'émancipation future de tous
ceux que la pauvreté et un travail ingrat cou-
chent sous leur joug de fer :

Il n'en est rien.

La belle découverte de la force expansive et
toute puissante de la vapeur d'eau qu'on appelle progrès social, paralyse les efforts des
travailleurs; aujourd'hui, la classe ouvrière est
sous le joug de cette féodalité financière et
industrielle ; le travail se monopolise de plus en
plus suivant le progrès de la machine.

Dans la société industrielle, l'homme n'est

plus regardé que comme une unité mécanique, une dent d'engrenage nécessaire au fonctionnement de la machine, c'est un complément de métier, un appendice à la force motrice.

De plus ce règne des machines, admirable comme production de richesses, en revanche dépeuple les campagnes.

C'est une des causes de la ruine de l'agriculture, car l'outillage industriel accapare une grande partie des capitaux. Il est incontestablement vrai que la révolution est profonde et appelle d'autres moules sociaux, sous peine de crises et de souffrances sans fin.

Voici les chiffres de 1876, établissant l'incroyable progression des forces productives depuis 1840.

Le bureau statistique de Berlin établit que les machines à vapeur fixes actuellement en activité, représentent une force de 24,000,000 de chevaux-vapeur, savoir : les Etats-Unis 7 millions et demi chevaux-vapeur; pour l'Angleterre 7,000,000; pour l'Allemagne 4 millions 500,000; pour la France 3,000,000; pour l'Autriche 1,000,000; pour le reste du monde 1,000,000.

Dans ces chiffres ne sont pas compris les locomotives dont le nombre s'élève dans les deux mondes à 103,000,000 roulant sur 350,800 kilomètres de chemins de fer, et représentant une force totale de 30,000,000 de chevaux; en y apportant la force des autres machines, on aura un chiffre de 54,500,000 de chevaux-vapeur.

En principe, le cheval-vapeur est la puissance de 3 chevaux vivants, le cheval vivant, celle de 7 hommes.

Les machines à vapeur fonctionnant dans le monde entier représentent donc la force de plus de 1 milliard d'hommes, plus du double de l'effectif des travailleurs correspondant à la population du globe, qu'on estime à peu près à 1 milliard et demi d'habitants.

Dans l'industrie française seule, la force motrice à vapeur qui représentait en 1859 avec ses 13,691 machines une force de 170,800 chevaux, représentait en 1879, avec ses 50,000 machines, malgré la perte de l'Alsace-Lorraine, une force de 3,181,000 chevaux, soit une force équivalente à celle de plus de 60 millions d'hommes.

Il est inutile de rechercher si ces nouveaux travailleurs inanimés, si puissants et si souples à la fois, ne font pas, aux ouvriers de chair et d'os, une concurrence redoutable et ne dépriment pas leurs salaires.

Si, il y a trois siècles, on eut prédit la découverte de machines capables de centupler la production avec un effort humain moindre, les utopistes de ce temps auraient rêvé une société s'épanouissant dans une prospérité inouïe, en assurant à chacun de ses membres, le demi-loisir qui suit une tâche légère remplie, et toutes les magnificences de l'abondance.

Il n'en a rien été, le machinisme a été jusqu'ici, pour le prolétaire, une cause maudite de surtravail meurtrier et douloureux, de chômages homicides et de privations sans nom.

L'invention de la vapeur a profité au seul capital qui s'est érigé en féodalité industrielle.

***

Quand on examine l'état présent de l'industrie dans le monde civilisé, on est frappé de cette anomalie, que les sociétés ont vu chaque jour se développer leurs moyens de production et s'accroître les ressources propres à augmenter la consommation de chacun, tandis que le paupérisme, contrairement à ce qui devrait se produire, tend à se développer au milieu de cet accroissement de la prospérité publique.

La richesse s'accumule aux mains de quelques-uns dans des proportions inouïes, et la masse du peuple n'a ni plus de sécurité, ni plus de garantie pour le lendemain.

Toute l'existence des classes ouvrières repose sur le salaire; si le salaire fait défaut, la misère est aussitôt dans la famille.

Dans l'ancien comme dans le nouveau monde, on doit se préoccuper de la solution de ce problème.

A quoi servirait le progrès de l'industrie et de l'agriculture, si les ouvriers, auteurs principaux ds cette prospérité, devaient être privés du nécessaire que l'animal et le sauvage obtiennent de la nature.

Mais pour que ces progrès, gloire du travail humain, puissent procurer à chaque membre de la société tous les bienfaits qu'on est en droit d'en attendre, il faut que les institutions, tout en sauvegardant les intérêts de ceux qui possèdent, donnent aux classes laborieuses les garanties qui leur sont dues.

A défaut d'une telle organisation, tous les intérêts se heurtent confusément et les individus ne peuvent donner l'essor à leur activité, sans entrer en conflit les uns avec les autres.

Si nous voulons guérir le mal social qui nous dévore et qui finira par détruire la société entière, c'est la forme de l'organisation sociale actuelle qu'il faut changer au moyen de l'organisation du travail et l'association du travailleur aux bénéfices de la production.

Il appartient à l'association de réaliser ce couronnement de l'œuvre démocratique par la transformation du salaire en capital.

Il importe à cette époque, où la misère a atteint un aussi haut degré d'intensité, et où les questions sociales passionnent tous les bons esprits, il importe, dis-je, d'écarter les solutions extrêmes et de marquer des étapes dans cette route du progrès.

Du jour où la grande industrie s'organise, la participation des travailleurs aux bénéfices de la production devient une règle de justice. Car alors que l'ouvrier ne dispose plus du produit sorti de ses mains, c'est le capital qui s'en empare et qui monopolise les profits généraux du travail. Il n'est pas juste qu'il en soit ainsi. La situation du travailleur doit s'améliorer en proportion du développement de la richesse publique.

C'est d'ailleurs l'association qui constituera le remède aux plaies de notre régime industriel; c'est en elle que sont renfermés les véritables principes d'organisation du travail sur lesquels reposera la prospérité future des nations.

L'avenir de la démocratie et de la sécurité sociale est lié à l'avenir de l'association; c'est l'école dans laquelle l'égoïsme est combattu de la façon la plus efficace qui ouvre le cœur aux aspirations les plus larges; c'est le plus bel éloge qu'on puisse faire d'un principe.

L'association est encore le refuge des faibles et des opprimés et leur donne les moyens de résister à l'arbitraire du maître et aux dangers divers qui menacent le libre exercice de leur profession.

La société humaine doit avoir un but, et ce but est la justice dans les relations sociales;

cette justice s'établira progressivement par l'association; elle implique, à la fois, la solidarité de tous et la liberté de chacun.

La liberté morale, c'est-à-dire le triomphe de la volonté sur les sens, de son accord avec la raison, tel est le but suprême que l'humanité poursuit à travers les siècles. Les êtres isolés ne sauraient y parvenir; l'association, seule, permet à l'homme d'atteindre cette indépendance dont il n'a pas toujours une vision distincte, mais dont il ressent un besoin instinctif et incessant.

L'association joue encore un rôle des plus utiles dans la société : elle enseigne la prévoyance, la solidarité, la morale, la justice; elle ne peut avoir lieu qu'entre hommes au cœur droit, honnête, et aux sentiments inaccessibles à l'égoïsme.

II. — ASSOCIATION DU TRAVAIL AU CAPITAL

Doter le pays d'une bonne loi sur les association est une des plus belles œuvres que puissent accomplir le Gouvernement et les législateurs. Nous ne voyons rien qui mérite davantage la sollicitude du pouvoir et de nos représentants. Cette question intéresse plus d'un million de familles, auxquelles appartiennent les citoyens honnêtes et laborieux ayant des habitudes d'ordre et de prévoyance;

ils représentent une des forces vives de la France.

Dans le vaste champ d'observations et d'études qui sont actuellement à l'ordre du jour, il est du devoir des législateurs qui sont à la recherche des moyens de l'amélioration du sort des masses productives, d'étudier tous les phénomènes qui se produisent dans la société.

Ils doivent commencer par étudier les abus de la nouvelle féodalité industrielle, afin de prévenir et d'atténuer, s'il est possible, les graves résultats inévitables qui peuvent se produire d'un moment à un autre.

Puis ils doivent étudier, avec impartialité, les lois essentielles qui nous sont imposées et que nous devons subir pour notre conservation matérielle et le développement de nos facultés intellectuelles et morales ; examiner avec soin la condition de ceux qui ont des produits à échanger, un capital à faire fructifier ; également celle de ceux qui n'ayant ni capital, ni instruments de travail, mettent leur courage, leurs forces, leur intelligence, leur aptitude professionnelle au service des industriels.

Une nouvelle oppression s'est donc créée sur les ruines de l'ancienne en s'appropriant de plus en plus le monopole des instruments de travail ; ce fait n'est pas moins funeste à l'ouvrier que l'ancienne féodalité nobilière.

C'est dans la féodalité financière, où toute l'industrie, le capital, le commerce se centralise et accapare ainsi le travail, et où l'employé, l'ouvrière est forcément, par la loi naturelle de sa conservation et celle de sa famille, à la merci du capital, puisqu'il est privé de la liberté d'accepter ou de refuser les conditions que la société financière lui impose, puisqu'il est privé de l'indépendance que l'association lui procure, s'il n'a pas les ressources pécuniaires qui lui sont indispensables pour s'associer, enfin puisqu'il manque de la liberté et de la sécurité nécessaires à son existence, et qu'il est, pour ainsi dire, encore attaché à la glèbe de la servitude antique.

Cet état de choses est-il en harmonie avec la démocratie ?

A quoi peuvent aboutir les efforts de l'homme seul, en face de cette puissante barrière qui a le capital pour appui.

L'homme est-il donc éternellement condamné à végéter ainsi, sans aucune perspective d'amélioration. Sera-t-il encore longtemps considéré comme simple instrument de travail, comme une dent d'engrenage ajoutée à la perfection mécanique des machines de production ?

Si l'Etat ne met promptement ordre à cet état de choses, il faut s'attendre à une catastrophe imminente.

Il faut que ces abus disparaissent, que

l'homme cesse d'être à la discrétion du capital, qu'il reprenne enfin son rang dans l'arène sociale.

Pour arriver à un bon résultat, il faut que chacun comprenne son devoir, que les grandes sociétés industrielles soient réglées par une loi sur les associations, essentiellement démocratique et sous le contrôle de l'Etat.

C'est à l'Etat seul qu'il appartient de réorganiser le travail, de manière qu'il obtienne une plus équitable rémunération, et d'améliorer ainsi la condition morale et matérielle de l'ouvrier :

En transformant le salaire en capital; en créant ainsi la participation aux bénéfices qui intéressera l'ouvrier à la prospérité de l'établissement, en stimulant par suite son zèle et son intelligence.

Il s'agit seulement, ici, d'assurer au travail ce qui lui appartient de droit, par suite de l'abolition des lois de privilèges et de monopoles, la diffusion des capitaux que le crédit multiplie, et rendre ainsi les instruments du travail accessibles à tous. C'est-à-dire associer le travail au capital de manière que les bénéfices de l'entreprise soient répartis entre le travail, l'intelligence, l'habileté professionnelle et le capital en proportion de la mise de chacun et des risques que chacun encourre pour le succès de l'entreprise.

Qu'est-ce donc, légalement, qu'une association ?

L'article 1832 du Code civil sur les sociétés est ainsi conçu :

« La société est un contrat par lequel deux ou plusieurs personnes conviennent de mettre quelque chose en commun dans la vue de partager les bénéfices qui en pourront résulter. »

Article 1833 :

« Chaque associé doit apporter ou de l'argent ou d'autres biens ou son industrie. »

Que se passe-t-il dans toute opération productive ?

Le capital apporte son argent et le travail apporte son industrie, c'est-à-dire sa faculté de produire, et ce mot comprend toutes les formes sous lesquelles peut se manifester cette faculté, depuis le biceps du manœuvre jusqu'au cerveau de l'inventeur. De plus, le Code prévoit aussi le but final : un bénéfice à réaliser et à se partager.

Ainsi, par exemple, faute d'avoir analysé la coopération de l'ouvrier dans la production, on la considère tout entière comme travail ; c'est un tort, car l'ouvrier est nécessairement muni à ses frais de quelque capital, au moins en outillage ; plusieurs professions exigeant un apprentissage spécial plus ou moins coûteux, dont les frais doivent être aussi considérés comme placement de capital. Tous ces moyens employés par l'ouvrier, doivent être rangés dans la classe des capitaux; ses efforts seuls appartiennent à la classe des moyens de production appelée travail. Un semblable défaut d'analyse a fait confondre aussi la participation personnelle de l'entrepreneur d'une industrie avec le capital qu'il y fait valoir.

Quand on examine attentivement le fonctionnement de l'acte destiné à assurer la vie matérielle des nations, on se demande avec étonnement, comment il se peut faire que l'humanité en soit toujours à se débattre, sans parvenir à sortir de l'ornière où elle s'est primitivement engagée.

C'est toujours le même fait dénaturé par la même iniquité.

Le fait c'est la production, l'iniquité c'est la fausse répartition du produit.

Un grain de blé donne naissance à un épi, il n'y a là qu'un phénomène ordinaire de la vie universelle. Pour produire cet épi, il faut simplement le grain de blé et la terre qui le féconde; mais si l'ensemencement a été fait de main d'homme, si le concours humain a préparé et surveillé la fécondation, la question change de face, l'idée de récolte surgit et c'est là que commencent les difficultés sociales. —

Voilà où nous en sommes aujourd'hui comme il y a un siècle.

Toute production humaine peut se synthétiser dans l'exemple que nous venons de donner, car toute production a pour objectif une ré-

colte, une plus-value, un bénéfice à obtenir,
un épi pour un grain.

A qui, en bonne justice, doit appartenir cet
épi?

Le capitalisme répond au capital; le socialisme au travail; la participation dit : à ceux,
quels qu'ils soient, qui ont contribué à le
produire.

Quels sont, aujourd'hui, ces producteurs?

Nous voyons bien le travail jouer le même
rôle actif, et, de ce côté, il ne peut y avoir la
moindre hésitation. Mais le travail n'est pas
seul, nous sommes bien forcé de prendre les
choses comme elles sont; le travail n'est pas
seul, parce que la terre et le grain sont entre
les mains du capital et qu'il nous faut compter
avec lui.

Le problème se simplifie et vient militer en
faveur de la participation qui nous dit : une
production avec plus-value ayant été obtenue,
deux agents, le capital et le travail, ayant
seuls contribué à cette production, la plus-
value doit obligatoirement être attribuée à ces
deux producteurs.

C'est clair et c'est simple. Si on pousse plus
loin la conséquence et qu'on demande dans
quelle proportion se fera le partage, la réponse
sera toute aussi simple, part égale à concours
égal, parts proportionnelles si les concours
ont été d'inégale importance.

Voilà, croyons-nous, le droit théoriquement établi, aussi bien en faveur du travail qu'en faveur du capital, et il importe de bien préciser les données du problème pour attribuer à chacun ce qui lui est légitimement dû.

La participation directe des ouvriers aux bénéfices est destiné à changer le caractère de l'industrie en changeant celui des masses de travailleurs. Elle leur donnera cette dignité, cet amour du travail, cet esprit de conduite auquel ils prétendent vainement; elle détruira l'antagonisme qui existe fatalement entre patrons et ouvriers et établira entre eux une solidarité intime à l'épreuve du temps et des circonstances.

***

Nous subissons en ce moment une crise économique qui porte un grand préjudice à notre industrie; personne n'est en droit de le nier.

Chacun a le devoir d'essayer de conjurer cette crise par tous les moyens possibles.

Je demande à l'association de former des groupes où le travail manuel sera considéré comme essentiellement nécessaire au relèvement de la prospérité nationale, par conséquent il devra être protégé et honoré selon les services rendus.

L'idée me semble des plus pratiques. Puisse-t-on la réaliser !

Relever la valeur technique de nos travailleurs manuels, n'est-ce-pas au fond favoriser la prospérité nationale?

Pour mettre fin à cette crise industrielle qui dure depuis trop longtemps, il faut à la production du pays de plus larges débouchés; c'est là le remède. Qui en doute? Mais pour ouvrir de nouveaux débouchés, il est nécessaire de produire mieux et à meilleur marché.

La France est envahie par des produits exotiques dont la fabrication lui était acquise autrefois. Ces articles sont là pour prouver les efforts accomplis par nos concurrents étrangers dans le but de développer les qualités naturelles de leurs ouvriers.

En France, nous nous préoccupons de développer les arts industriels et ce n'est point un mal, mais nous négligeons peut-être un peu trop la science technologique des métiers. Nos ouvriers deviennent d'excellents spécialistes, des créateurs admirables, c'est certain; mais ils n'ont pas le stimulant nécessaire que leur donnerait l'association et la non-participation dans les bénéfices de l'entreprise leur fait oublier le côté pratique. Le travail manuel n'étant pas suffisamment rémunéré, ils sacrifient tout l'art et délaissent beaucoup trop le côté métier; ils négligent d'améliorer leurs procédés et leur outillage. La conséquence s'impose; notre fabrication est plus contenue, nos modèles sont reproduits et livrés à de plus bas prix.

Voilà comment nous sommes évincés des marchés du dehors où nous gardions jadis la prééminence, et voilà pourquoi nous sommes en train de nous faire battre sur notre propre marché.

L'outillage, l'habileté professionnelle, l'aptitude d'initiative rémunérés à leur juste valeur, sont comme l'armement; on doit coûte que coûte en maintenir la supériorité sous peine de déchoir et d'être vaincu dans la lutte.

Pour reconquérir le terrain perdu, nous avons besoin d'allier le bon marché aux qualités distinctives de nos produits.

Nous n'y parviendrons qu'à la condition de stimuler l'esprit d'initiative de nos ouvriers, en les associant aux succès de l'entreprise et en les intéressant aux bénéfices réalisés.

Tant que nous resterons dans le *statu quo*, l'ouvrier ne cherchera pas à modifier des habitudes qu'il a contractées depuis longtemps contre un état d'initiative qui demanderait de plus grandes aptitudes professionnelles, qui serait certainement un grand avantage pour l'industrie française, mais où l'ouvrier ne serait pas rémunéré suivant le progrès accompli.

Dans ces conditions, l'association s'impose, il faut associer le travail et l'habileté professionnelle au capital et qu'ils marchent ensemble à la conquête de la prospérité commerciale et industrielle de la France.

L'association a encore pour mission de préparer à l'ouvrier une position plus en rapport avec son travail en lui procurant des relations qui le mettent en rapport avec les diverses corporations qui lui donnent les moyens de choisir sa vocation.

La coopération a aussi pour effet d'améliorer le sort de ses adhérents, de les faire participer à la gestion des affaires communes, de les amener à pratiquer l'économie et la prévoyance, de leur faire comprendre leurs droits, mais aussi leurs devoirs, en les habituant à choisir parmi eux les plus dignes pour les diriger et les commander.

Ceux qui ont été les promoteurs d'associations coopératives ont fait beaucoup pour l'avenir. Ils ont voulu atténuer les effets désastreux de la situation faite au salaire. Ils ont compris que l'isolement des individus les conduit à la misère et à l'esclavage.

Que les ouvriers s'unissent, qu'ils accumulent leurs épargnes jusqu'au jour où ils pourront fonder un établissement. Et combien de professions peuvent opérer parce qu'elles peuvent fonctionner sans outillage coûteux, sans dépenses considérables de bâtiments, ni dangers ou risques ruineux.

L'amélioration qui résulte de cette entente se fait aussitôt sentir.

Les bénéfices qui, jadis, étaient prélevés par les patrons, appartiennent aux ouvriers

associés. La production devient plus grande
parce que chacun travaille pour soi et que le
gaspillage diminuerait la part sociale.

L'organisation du travail par l'association
est donc éminemment émancipatrice, utile et
féconde pour l'individu et pour la société.

Elle détruit les doctrines du communisme
où l'Etat est entrepreneur de tous les travaux,
détenteur de tous les biens, distributeur de
tous les produits ; l'association ne bouleverse
rien de ce qui est établi, elle élève, au contraire, la masse productive et lui donne des
sentiments de fierté et d'indépendance que le
salariat ne peut qu'étouffer.

D'autre part, l'association a aussi son but
moral : elle supprime. ce qu'on appelle ou ce
qu'il est convenu d'appeler l'exploitation de
l'homme par l'homme; elle fait disparaître
cette plaie hideuse qui a nom spéculation ou
absorption du travail. Elle rend fructueuse
les économies des travailleurs qui, bien souvent, jettent leurs épargnes dans la caisse de
hardis larrons qui leur enlèvent en un instant
le pécule péniblement amassé.

L'association doit donc être implantée dans
nos mœurs, comme la République qui est devenue le gouvernement logique, indispensable
aux besoins d'une nation pour la liberté, la
raison, la pratique des principes de l'humanité.

***

III. — Association Leclaire

Ce *desideratum* de l'association est réalisé déjà par quelques industriels, sans violence, sans spoliation, et respectant la propriété et les droits de chacun ; l'expérience, commencée depuis plus de 40 ans, est complète et a démontré la véritable solution de la question sociale.

Edme-Jean Leclaire, fils d'un cordonnier de village, né en 1801 dans l'Yonne, vint à Paris en 1818 et s'engagea comme apprenti peintre en bâtiments. En 1827, il s'établit comme entrepreneur peintre-vitrier avec ses économies d'ouvrier ; il prospéra, et en 1838, il créa pour ses ouvriers une caisse de secours mutuels.

L'école Saint-Simonienne, dont il avait suivi les travaux, avait fait une profonde impression sur son esprit et il en avait retenu deux formules qu'il s'est efforcé d'appliquer : « A chacun suivant sa capacité ; à chaque capacité suivant son œuvre ».

Dans un avenir peu éloigné, il faudra augmenter le bien-être des classes laborieuses, non pas en appauvrissant les riches, mais en enrichissant les pauvres.

Ces deux formules furent le guide de sa carrière industrielle et lui ont permis de réaliser le programme socialiste dont nous avons parlé plus haut, par la participation aux bé-

néfices ou portion accordée à ses ouvriers
depuis 1842.

· Leclaire, venu à Paris en 1818 avec 20 francs,
est mort en 1872, laissant à ses héritiers une
fortune de 1,200,000 francs, gagnée honora-
blement. La société de secours mutuels qu'il
avait créée en 1838 est aujourd'hui propriétaire de sa maison de commerce, et elle vient
de clôturer son compte de 1886 avec un avoir
de 1,939,000 francs.

Disons, maintenant, comment a été réalisé le programme de cet apôtre du socialisme
et quelle est son œuvre.

Ce n'est pas tout d'une pièce qu'il a conçu
et réalisé ce programme. Il l'a amélioré à
mesure que ses ouvriers ont compris l'intérêt
paternel qu'il leur portait; jamais il n'a oublié
qu'il avait traîné la brouette et que ses
commencements avaient été difficiles.

Leclaire eut d'abord à vaincre les méfiances
de ses ouvriers, à les convertir à ses idées.

Quand ils possédèrent tous les avantages
de la caisse de secours mutuels qu'il leur im-
posa en 1838, il leur accorda, 4 ans après,
une part dans les bénéfices, et cela sans dimi-
nution de salaire, ce qu'ils craignaient.

Plus tard, en 1864, il associa la société de
secours mutuels pour 1/3 dans sa maison,
puis, en 1869, il fournit la moitié du capital
social et il stipula qu'après sa disparition et
celle de son associé, ce serait cette société de

secours qui reprendrait, sans bourse délier, la clientèle et le matériel de la maison et que les gérants seraient choisis par les membres de la société de secours, parmi les employés et chefs de service de la maison.

Ainsi donc, le programme de Leclaire est accompli, les instruments de travail sont aux travailleurs. Les gérants sont élus par les ouvriers, et depuis 12 ans que cette maison fonctionne dans ces conditions, elle n'a cessé de prospérer.

La nomination des gérants est à vie.

Les gérants sortant des rangs des employés et chefs d'atelier, doivent fournir la moitié du capital et, grâce à une organisation très ingénieuse, cet apport peut se réaliser au moins prenant.

Examinons, maintenant, comment se distribuent les bénéfices : un quart est accordé aux deux gérants, un quart est attribué à la société de secours mutuels, la moitié est distribuée à tous les ouvriers et employés de la maison au marc le franc de leur travail.

Depuis 1875, époque où la maison appartient aux ouvriers et employés, la part moyenne des bénéfices distribués par an est de 30,10 0/0, le salaire d'un ouvrier est de 0 fr. 80 par heure et le travail d'un ouvrier occupé toute l'année étant, en moyenne, de 3000 heures, son salaire est de 2,400 francs et sa part de bénéfice en supplément de son salaire est d'environ 480 francs payés en une fois.

Cette disposition lui permet soit d'acheter des obligations, soit une petite maison à la campagne, car la plupart des ouvriers sont devenus propriétaires.

Tout ouvrier qui a travaillé, ne fut-ce qu'un jour à la maison Leclaire, a sa part de bénéfice à raison de 20 0/0, représenté en supplément de salaire à raison de 0 fr. 16 par heure.

Tous les ouvriers de cette maison ont le même salaire et les même droits au partage des 50 0/0 de bénéfice. Mais tous n'ont pas les mêmes droits.

Nous avons dit qu'une société de secours mutuels est aujourd'hui propriétaire de la maison.

Pour faire par' de cette société de secours, il faut être dans la maison depuis plus de 5 ans et avoir été admis dans le noyau.

Ce noyau est la partie du personnel que l'on garde pendant l'époque de morte-saison qui dure de novembre en avril.

Des 500 ouvriers employés à la maison, il n'y en a que 150 qui font partie du noyau.

C'est par l'élection des membres du noyau que l'on peut entrer dans leur sein et, par suite, dans la société de secours mutuels.

Les avantages des membres de cette société sont de recevoir, après 20 ans de services et 50 ans d'âge, une pension de 1,200 francs,

dont moitié est continuée à la veuve ou aux
enfants mineurs après le décès du pensionné.

La Société de secours mutuels sert actuellement 62,000 francs de pension à 63 pensionnés
et veuves de pensionnés.

Voilà l'œuvre de Leclaire. Il n'a pas fait de
bruit, il a poursuivi son œuvre en apôtre con-
vaincu, il a laissé un grand exemple. Leclaire
est plus qu'un philanthrope, c'est un précurseur dans la voie nouvelle; à ce titre il mérite
le respect des honnêtes gens.

∗

IV. — FAMILISTÈRE DE GUISE

Une autre association fonctionne à Guise,
dans l'Aisne, fondée par M. Godin, ancien
membre de l'Assemblée nationale et fondateur
de l'association sous la dénomination de Familistère de Guise.

L'association exploite la fabrication des ap-
pareils de chauffage, d'ameublement et de
cuisine, en fonte moulée et émaillée, et tous
les autres articles en fonte de fer.

Les ateliers, disposant d'une force motrice
de 250 chevaux-vapeur, sont installés dans des
conditions parfaites et sont divisés en sept
grandes catégories : serrurerie, fours à chaux,
carrières à sable, etc. 1,400 ouvriers y sont
occupés sans être logés encore; les palais sociaux n'ayant qu'une population de 1,300 ha-

bitants. Dès que sera terminé l'aménagement
intérieur d'un nouveau palais social, nouvel-
lement construit, la population logée dans les
bâtiments du Familistère atteindra le total de
1,800 habitants et bientôt tous les ouvriers
auront place au palais social.

Association du capital et du travail, ou participation aux bénéfices ; voilà le principe.

Tout producteur doit participer aux bénéfices dans la proportion des services qu'il a
rendus.

D'après M. Godin, trois facteurs concourent
à la production de toutes les richesses :

La terre et les ressources données par la
nature, jointes aux utilités gratuites de la société ;

Le travail des individus et le capital ou travail économisé, agent passif.

Les ressources données par la nature et
celles de la société constituent les droits des
pauvres, et leur entrée dans le domaine public, fait que la société a le droit d'assurer
l'existence de tous ses membres.

Au capital-travail passif, il est attribué une
part de bénéfice, modérée, toutefois, puisqu'au
Familistère la participation du travail est huit
fois plus considérable que celle du capital. En
effet, le total des salaires annuels s'élève à
1,888,000 francs, tandis que l'intérêt de la
commandite ne dépasse pas 230,000 francs.

La portion de bénéfice revenant au travail général ainsi établie, la répartition individuelle est facile, puisque chacun y a un droit proportionnel à ce qu'il a reçu dans l'année, en salaires et intérêts.

Mais en fondant cette association, M. Godin se trouvait en présence d'anciens ouvriers et employés ayant 10, 20, 25 ans et plus de bons services, qui avaient contribué à l'édification de sa fortune, et d'ouvriers capables dont le travail était fait dans des conditions plus avantageuses que celui de nouveaux venus ou d'ouvriers peu soigneux.

Voulant reconnaître ces anciens services et ces capacités, M. Godin créa les catégories suivantes dans lesquelles sont répartis les bénéficiaires des institutions du Familistère.

1° Les associés......... 68 personnes.
2° Les sociétaires....... 95 —
3° Les participants...... 573 —
4° Les auxiliaires....... 258 —
5° Les intéressés........ 286 —

Les associés doivent être âgés d'au moins 25 ans, résidant depuis cinq ans au moins dans les locaux du Familistère; participer depuis au moins le même laps de temps aux travaux et aux opérations qui font l'objet de l'association; savoir lire et écrire; être possesseur d'une part de fonds social s'élevant au moins à 500 francs. Les associés sont le noyau

d'élite qui, aujourd'hui, se recrute par lui-
même et qui compose l'assemblée générale de
l'association. Les statuts portent que les associés interviennent pour le double de leurs salaires dans la répartition.

Les sociétaires doivent travailler au service
de l'association depuis trois ans au moins, ha-
biter le palais social, être admis par le conseil
de gérance et par l'administrateur-gérant. Les
sociétaires interviennent pour moitié en sus
de leurs salaires.

Les participants doivent travailler pour l'association depuis un an au moins, être admis
par le conseil de gérance et par l'administrateur-gérant.

Les participants interviennent dans la répartition pour les salaires qu'ils ont reçus.

Les auxiliaires sont ceux travaillant à un
titre quelconque dans l'association en dehors
des catégories précédentes. Ils n'interviennent
pas directement dans la répartition; ils n'ont
droit qu'aux secours de la mutualité.

Sont intéressées, les personnes possédant par
héritage, achat ou toute autre voie, des parties de fonds social.

On compte aussi un certain nombre de jeunes
gens, fils de membres de la société auquel l'association fait une situation particulière, en
vue de les intéresser de bonne heure à la prospérité générale du Familistère.

Les travailleurs possèdent, actuellement, par leur participation aux bénéfices, 1,969,000 fr. de la valeur du fonds social.

Il ne faut pas perdre de vue que, d'après leur progression normale, les réserves et les dotations statutaires s'élèveront, après sept ou huit ans, à 2,000,000 de francs.

Après cette époque, l'administration aura été remboursée de ses avances, et l'association possèdera un avoir réel de 6,600,000 fr., sans faire entrer en compte la valeur du fonds commercial.

De pareils résultats dispensent de tout commentaire sur la valeur de la méthode.

Les institutions de mutualité forment quatre divisions :

1° Assurance du nécessaire à la subsistance et des pensions de retraite :

2° Assurance contre les maladies, section des hommes ;

3° Assurance contre les maladies, section des dames ;

4° Fonds de pharmacie.

Toutes ces assurances sont gérées par des comités spéciaux, élus par le vote des intéressés. Les membres de ces comités sont rétribués proportionnellement au temps qu'ils consacrent au service de l'assurance.

Cette mutualité peut se résumer en quelques mots : C'est la sanction du droit à la vie; elle éteint le paupérisme dans son rayon ; elle permet de donner des soins aux malades à domicile; elle supprime ainsi l'hôpital, cette monstrueuse erreur qui enlève aux siens l'individu alors qu'il éprouve, plus que jamais, le besoin d'être au milieu d'eux.

***

Les associations dont je viens de parler, ne sont pas une œuvre improvisée; c'est le résultat d'une longue expérience.

Elle est, sur le terrain de la pratique, une solution de ce double problème qui agite aujourd'hui tout le monde civilisé : éteindre le paupérisme et donner aux classes laborieuses les garanties suffisantes à l'existence.

Je ne prétends pas résoudre toutes les difficultés que cette question comporte. La conciliation des intérêts des classes riches avec ceux des classes laborieuses ne sera complète que le jour où elle sera d'une application générale dans les institutions sociales.

Les institutions du Familistère pourront être généralisées lorsque les hommes d'Etat s'élèveront à la hauteur des besoins de notre époque. Elles forment surtout au Familistère, parce que le fondateur a voulu doter cette institution d'un mécanisme complet; il a pris à sa charge les institutions de Mutualité et d'Enseignement qui devaient incomber à la solidarité sociale. Il serait facile à l'Etat de se procurer les ressources nécessaires pour établir ces bases de

la réforme sociale, pour éteindre le paupérisme
et l'ignorance, s'il devenait héritier dans toutes les successions, proportionnellement au
concours des richesses naturelles et des services publics dans l'édification de chaque fortune.

Le Familistère de Guise n'a pas été fondé
d'après les inspirations d'une étroite philan-
thropie. Ce n'est pas seulement pour soustraire
au paupérisme quelques millions d'individus
que M. Godin a créé cette puissante fondation :
il a voulu donner au monde un exemple pratique de la possibilité de l'harmonie sociale,
naissant de l'alliance des intérêts, suivant les
lois de la vie.

L'alliance du travail et du capital n'est plus
une utopie; les clauses du pacte fécond sont
trouvées et appliquées.

Elles n'imposent de sacrifices à aucune des
parties. Les hommes de bonne volonté ne peuvent refuser de les appliquer.

V. — Création d'une Banque sociale
de prêt gratuit

L'association, au premier abord, apparaît
comme un moyen efficace de résoudre la question sociale ; cependant là encore les difficultés
surgissent de toutes parts.

Avec quoi s'associeront de modestes ouvriers
dont la plupart du temps la charge de famille
absorbe les salaires quotidiens.

Pour fonder une association si peu importante qu'elle soit, il faut un capital quelconque. Et où le prendront de modestes ouvriers à qui le salaire suffit à peine à s'entretenir et qui vivent au jour le jour. Et ceux-là mêmes qui ont un commencement d'épargne, où trouveront-ils la somme nécessaire pour compléter le capital qui doit leur servir de mise de fonds?

Il y a bien les banques d'escompte, où dans chaque quartier commerçant, l'escompteur reçoit le papier du petit commerce, qui a une notoriété relative et lui donne par sa signature le caractère de monnaie judiciaire, qu'il n'avait pas jusquelà. Mais, à quelle condition? En prélevant d'abord l'intérêt le plus élevé 6 0/0 et en y ajoutant pour commission ou agio 1/8 quelquefois 1/4; sur des valeurs de courtes échéances, c'est environ 2 0/0 de plus.

De sorte que lorsque le gros négociant peut se procurer l'argent à 4 0/0, le petit commerce le paie toujours 7 à 8. Voilà comment le commerce honnête, qui n'a pas de notoriété suffisante, obtient le crédit.

Il y a cependant un moyen de résoudre ce problème, par la création du crédit d'une banque sociale où le prêt serait gratuit et gérée par l'Etat, où tous les ouvriers sans distinction d'industrie seraient appelés à y prendre part en qualité de membres participants.

Il suffirait, pour commencer, de créer un

ministère du travail, avec une dotation d'une dizaine de millions, d'autoriser les legs et dons à ce ministère et de fonder des loteries dont les bénéfices s'ajouteraient à ces premières ressources.

Cette banque, déclarée Banque Nationale, escompterait sans intérêt tous les bons effets de commerce, créditerait sans intérêt sur garantie de valeurs en voie de réalisation, le crédit ne devant jamais excéder la moitié de la valeur actuelle de la garantie.

L'Etat et les communes traiteraient avec les organisations ouvrières, pour ouvrir des entrepôts, des ateliers et des bazars qui rembourseraient le crédit par la vente des produits.

Les ressources de cette banque se composeraient :

1° Des revenus cités plus haut ;

2° Des cotisations annuelles des membres participants, la cote part de chacun devrait être fixée si minime qu'elle soit accessible à tous ;

3° Des remboursements effectués ;

4° Des subventions qui seraient accordées par l'Etat, le département et les municipalités des quartiers populeux de Paris et des communes ;

5° De l'intérêt des fonds placés et des revenus de tous genres, qui assureraient le bénéfice nécessaire pour couvrir les frais généraux et une prime d'assurance, en prévision de pertes ou d'accidents.

Les sommes versées en capital ou qui ne seront pas nécessaires au besoin de l'œuvre seront placées, en immeubles, rentes sur l'Etat obligations de chemins de fer, actions de la Banque de France, actions et obligations du Crédit foncier et de la Ville de Paris.

Quant aux fonds disponibles et nécessaires à l'œuvre, ils seront versés en compte couran à la Banque de France, ou dans une caisse publique.

Elle offrirait son appui moral et matériel :

1° A tous les artisans dont le travail se trouve suspendu par le manque d'outillage de matière première ou de moyens de subveni à des dépenses journalières ;

2° A tout père de famille, qui a été contrain de s'endetter à la suite de maladie ou pour l'éducation de ses enfants ;

3° Elle aurait surtout pour but de prêter aux associations libres les ressources nécessaires à leur fonctionnement, à supporter les charges que leur imposent la sécurité de leur famille e surtout de les mettre en garde contre cette chose hideuse, la misère, qui souvent vien frapper éffrontément à la porte de l'ouvrier;

4° De venir en aide à l'industrie et à l'agriculture quand elles sont frappées par des fléaux naturels ou par des crises économiques

VI. — Création de Syndicats nationaux agricoles

La richesse a trois sources principales qu'il faut également encourager : l'agriculture, l'industrie, le commerce.

Mais l'agriculture doit être regardée comme la première, elle est le pivot de la vie matérielle et de l'existence, elle doit être dégrevée des charges trop lourdes qui pèsent sur elle afin que chacun s'y adonne avec passion et y trouve la rémunération de son travail.

Elle est partout la source des premières richesses, même à Genève qui n'a pour terre labourable que le pavé de ses rues.

L'agriculture est l'art créateur et vivifiant, qui doit être honoré et suffisamment protégé pour que chacun s'y adonne avec persévérance. Des deux forces économiques et sociales qui doivent au moins se partager le travail d'un peuple, l'une l'industrie, a tout absorbé au détriment de l'autre, l'agriculture.

Après avoir poussé la production à l'aventure, cette industrie est à la veille de manquer à ses travailleurs et de laisser le pays en proie aux agitations violentes de la misère. Il faut rétablir l'équilibre, en ramenant au travail de la terre les populations qui ont abandonné les champs pour courir après le mirage fictif de la fortune à la ville, en favorisant les dépenses productives, et laissant aller d'elles-mêmes les dépenses stériles.

L'Etat doit accorder sa préférence à l'agriculture en ne faisant espérer des ressources que dans la prospérité de la nation, et non dans le crédit des financiers; les fortunes premières sont des fortunes clandestines basées sur l'agiotage au détriment des ignorants et qui ne connaissent pas de patrie.

Il faut aussi que l'Etat mette un frein à la réalisation de ces fortunes scandaleuses dont les capitaux vont se perdre dans les spéculations financières qui ruinent l'agriculture et sont une plaie sociale pour la classe ouvrière.

On ne parviendra à relever l'agriculture de la fausse situation où elle végète et de lui rendre le rang qui lui appartient réellement, qu'en dégrèvant la propriété non bâtie et en améliorant les instruments agricoles par la création des syndicats.

En frappant d'un impôt extraordinaire les terres susceptibles de production et en employant improductivement comme terrain d'agrément, de parcs, on oblige le consommateur à acheter à l'étranger une grande quantité de provisions que le pays pourrait facilement produire si toutes les terres détenues improductivement étaient livrées à l'agriculture; on indemiserait ainsi le chômage des milliers de misérables qui trouveraient facilement du

travail si toutes les terres étaient cultivées :
l'Angleterre en est un frappant exemple.

Il faut stimuler le zèle des laboureurs par
toutes sortes de récompenses pécuniaires et
honorifiques, créer des relations aux diverses
branches de l'agriculture par les concours
régionaux agricoles, enrôler les agriculteurs dans l'association au moyen de syndicats
agricoles, et tous les débits de consommation
coopératifs, et favoriser la multiplication des
bestiaux par la mutualité agricole.

Réciprocité du commerce avec l'étranger
dont on facilitera les débouchés, sans faire
baisser le prix des marchandises.

Les richesses qui proviennent de la terre
méritent de fixer, au plus haut degré, l'attention de l'économiste et du législateur. Elles
sont les plus nécessaires de toutes, puisque
c'est de la terre que doit naître la subsistance
de tous les hommes, elles fournissent la matière à tous les autres travaux ; elles emploient
à leur exploitation, tout au moins la moitié
de la nation.

L'agriculture constituant l'unique source
de richesses, a droit à une protection spéciale
de la part du Gouvernement.

L'État doit faire tous ses efforts pour que la
production acquierre le plus grand développement possible.

C'est ainsi qu'il doit réclamer la suppression
de tous les impôts qui pourraient porter pré-

judice à la production agricole. C'est ainsi encore, qu'il doit se prononcer pour la libre exportation et la libre importation des produits de l'agriculture.

L'association ne serait-elle pas aussi profitable à l'agriculture qu'à l'industrie manufacturière, et ne pourrait-on l'appliquer d'une manière pratique à tous les produits agricoles ; notamment à l'exploitation des terrains par la création d'un syndicat agricole de l'assurance mutuelle contre la perte des bestiaux, le renouvellement des instruments agricoles et les fléaux qui frappent l'agriculture, ainsi qu'à tous les produits de la terre par la création des sociétés coopératives de consommation?

Sans doute les institutions politiques d'un pays, l'éducation nationale et d'autres circonstances peuvent plus ou moins favoriser ou affaiblir ce sentiment d'association, mais elles ne parviendront jamais à l'étouffer, c'est un sentiment naturel à l'homme ; il forme une des conditions de son existence d'ici-bas.

Du reste, l'esprit d'association s'est singulièrement développé de nos jours dans l'industrie manufacturière et commerciale ; on peut même dire que c'est à lui qu'on doit la plupart des travaux prodigieux exécutés, dans ces derniers temps, par le génie de l'homme, et comme la civilisation avance toujours, il faut espérer que l'industrie agricole fera un jour des pas rapides dans la voie du progrès, malgré les difficultés d'exécution qui résultent, en grande partie, de l'ignorance des campagnards relativement à leurs véritables intérêts matériels.

Quoi que l'on fasse, quoi que l'on dise, l'association se développera en France et finira par constituer une des bases les plus solides sur lesquelles repose le socialisme pratique.

Chacun sent de plus en plus, que l'isolement est mauvais et que le vieux proverbe : l'union fait la force, est encore plus vrai à une époque de rénovation sociale qu'à aucune autre.

La loi du 21 mars 1884 sur les syndicats professionnels a donné un nouvel essor à cet esprit d'association. Elle permet de l'appliquer fructueusement à des professions où il n'était guère en usage jusque là, et particulièrement à l'agriculture.

Qu'est-ce en effet qu'un syndicat agricole?

C'est l'association d'un certain nombre de personnes adonnées, soit en petit, soit en grand, à la culture de la terre et qui se réunissent pour acheter en commun les engrais, les semences, les instruments propres à la culture, en un mot tout le matériel qui peut être nécessaire à la pratique de leur métier.

En général les membres de chaque syndicat payent annuellement une cotisation ordinairement très minime qui sert à solder les frais généraux.

Deux fois par an, en été, pour les travaux d'automne, en hiver, pour les travaux du printemps, les syndicats mettent en adjudication la fourniture des engrais et des semences pendant la période correspondante.

Chaque membre du syndicat fait sa commande suivant ses besoins sans être en aucune façon solidaire des commandes de ses co-intéressés.

Les avantages d'une pareille association sont très nombreux.

En premier lieu, le syndicat agricole est l'intermédiaire entre les grands marchands d'engrais et le petit cultivateur. En second lieu, il supprime presque entièrement tout moyen de fraude sur la qualité des engrais et des semences.

Supprimant les intermédiaires, il diminue dans une proportion considérable les frais qu'imposait aux fabricants la nécessité d'entretenir, sur un très grand nombre de points, des entrepôts où leurs marchandises pouvaient se détériorer ou eux-mêmes risquaient d'être compromis par des intermédiaires peu délicats.

Il y a un autre avantage:

Un gros agriculteur qui achète par an pour 10, 15 ou 20,000 francs d'engrais et semences diverses, peut obtenir des réductions de prix.

Mais le petit cultivateur qui achètera seulement 10 ou 15 sacs, quelquefois moins, celui-là est obligé de payer un prix élevé, beaucoup trop élevé, hors de proportion avec ce qu'on lui fournit.

Or, le syndicat réunit tous ces petits cultivateurs, il centralise leurs demandes et il arrive ainsi à former un chiffre total de commandes qui monte à plusieurs centaines de mille francs qui peut aller pour certains jusqu'à un million de francs.

Il est facile de comprendre qu'un négociant qui s'assure une pareille fourniture, peut faire de grandes réductions de prix.

De plus, il est bien difficile, sinon impossible, aux petits cultivateurs de vérifier si on leur donne bien, dans leurs engrais, le dosage et la qualité convenus.

Les analyses sont coûteuses, les frais nombreux, il recule devant tout cela. Il en résulte que la fraude dans les campagnes prend des proportions dangereuses.

Le syndicat n'a pas les mêmes hésitations; son cahier des charges fixe les dosages et aussi les obligations des fournisseurs. Tout syndiqué peut, à l'arrivée de son engrais, en prélever un échantillon, il l'expédie au syndicat et ne s'occupe plus de rien ; s'il y a fraude, c'est le syndicat qui poursuit.

De cette façon, tout le monde y trouve son

avantage et, disons-le immédiatement, le marchand d'engrais comme les autres.

Ne pourrait-on pas aussi se syndiquer pour l'achat de tous les instruments d'agriculture, tels que : chevaux, charrues, harnais et outillage de toute nature?

Ceci permettrait au petit cultivateur d'améliorer son matériel de culture souvent en mauvais état, de le renouveler selon les besoins et les exigences de la culture, qui se modifie suivant le progrès, qu'ils ne peuvent suivre faute des capitaux nécessaires.

On pourrait créer aussi une assurance mutuelle qui assurerait contre les accidents et pertes de toute nature, du bétail et des chevaux de travail, comme toutes les assurances assurent contre l'incendie et la grêle.

Ces associations auraient pour résultats immédiats de rendre à l'agriculture l'influence qu'elle doit exercer sur l'activité humaine, en la sauvegardant des risques qu'elle court des fléaux naturels qui la frappent sans cesse. Tout le monde s'y livrerait avec ardeur et persévérance, y trouvant la sécurité et la rémunération du travail.

Il en résulterait de plus grands bénéfices et moins de perte pour le cultivateur. Et le salaire de l'ouvrier devrait également augmenter en raison de la fortune publique.

De là on verrait diminuer l'émigration si funeste à la classe ouvrière.

Voilà surtout ce qui permettrait au petit cultivateur de lutter avantageusement contre la grande culture et surtout contre la concurrence étrangère qui nous envahit de plus en plus et qui fait tant de mal à l'agriculture.

Les syndicats agricoles auraient pour base le département, l'arrondissement, d'autres le canton, quelques-uns même la commune.

Il est impossible, à notre avis, de fixer d'une manière absolue, quelle doit être l'unité de circonscription d'un syndicat agricole. Tout dépend de la nature des cultures.

Mais ce qui est évident, c'est qu'il importe que ces associations se développent.

Leur prospérité n'intéresse pas seulement les agriculteurs, elle intéresse la France entière.

Il y a longtemps qu'on a dit pour la première fois : labourage et pâturage sont les deux mamelles de la France, il est bon de ne pas l'oublier.

On a, pour aider le cultivateur, augmenté les droits d'importation sur les céréales ; je ne reviendrai pas sur un débat terminé. Mais je trouve dans ces faits un argument de plus pour démontrer que les cultivateurs doivent s'aider eux-mêmes, en améliorant leurs méthodes, leurs instruments, en diminuant leurs frais généraux, et surtout leurs faux frais. en s'associant enfin pour leurs intérêts communs.

Voilà la véritable économie sociale.

Qu'on s'unisse donc pour le travail, puisqu'on en a les moyens, c'est l'intérêt de tout le monde, à quelque opinion politique que l'on appartienne.

Faisons de bon travail, il faudra bien qu'on nous fasse de bonne politique.

VII. — Sociétés coopératives

Les sociétés coopératives de production et de consommation sont appelées à jouer un grand rôle dans l'association, elles en sont pour ainsi dire l'introduction, et à rendre à l'agriculture et à l'industrie des services incalculables. Elles doivent être considérées comme un mode d'organisation industrielle supérieur au régime économique actuel et destiné à le remplacer dans un avenir plus ou moins éloigné, mais qu'il dépend de nous de rapprocher.

Une coopération est, en effet, une association active fonctionnant comme marchand, producteur, banquier ou entrepreneur, et ayant ses propres membres pour clients, consommateurs, emprunteurs ou salariés, en sorte que les fonctions antagonistes de l'échange se trouvent réunies en la personne du sociétaire: il ne prélève que sur lui-même le bénéfice du vendeur, du producteur, du banquier, de l'entrepreneur, qu'il retrouve ensuite comme par-

ticipant, sous forme de dividende social, dé-
duction faite des frais de gestion.

La coopération est une arme puissante contre
les abus qui ont accompagné ce qu'on appelle
les progrès sociaux : en rompant avec la cen-
tralisation industrielle, l'accaparement commercial, en s'adressant directement aux sources
de production, ou en produisant soi-même,
pour obtenir les objets de consommation et
d'usage personnel.

Le mot coopération a un sens général et un
sens particulier, dit Gabriel Deville. A l'idée
d'action en commun que ce mot renferme dans
son sens général, se joint, dans l'acception
particulière, l'idée que cette action en commun est effectuée aux frais et au profit de ceux
qui agissent ensemble.

La coopération n'est pas l'association ; il ne
faut pas faire cette confusion ; c'est une coali-
tion de consommateurs qui se réunissent pour
se fournir aux sources les plus éloignées, ou
simplement les plus sûres, de sorte que s'ils
n'obtiennent pas une économie réelle, ils se
procurent du moins des produits plus sains et
plus durables.

Il est certain que l'action de ces sociétés est
limitée, et il serait dangereux, pour le bon
fonctionnement, qui doit être simple, puisqu'il
est dirigé par les consommateurs eux-mêmes,
de multiplier les produits sur lesquels se por-
teraient les opérations.

La vente coopérative ne doit embrasser que les denrées simples. Dans l'épicerie, par exemple, une société coopérative ne saurait comporter tous ses produits, qui sont à l'infini.

La culture se plaint, non sans raison, du vil prix de ses produits les plus importants et les plus nécessaires à l'existence vitale de la nation, tels que le blé et le bétail sur pied, tandis que les consommateurs trouvent le prix du pain et de la viande au détail trop élevé. Ce sont les intermédiaires qui bénéficient de la difrence, relativement considérable, qui existe entre les deux cours, et comme cette situation anormale menace de s'éterniser, l'idée de créer des boulangeries et des boucheries coopératives se répand de plus en plus dans les villes et les centres de populations ouvrières.

Ces coopérations peuvent aussi bien exister à la campagne.

La coopération peut, en effet, changer de tout en tout un état de choses qui ruine la production et pèse lourdement sur le consommateur.

On commence à reconnaître qu'il serait facile de former des syndicats d'engraisseurs-producteurs, qui fourniraient leurs bestiaux gras à des boucheries coopératives, s'assurant ainsi l'écoulement régulier de leurs produits, et mettant ainsi en relations directes les deux principaux intéressés d'une alimentation fortifiante et moins coûteuse.

Ce but est d'autant plus praticable avec le système actuel de vente de bétail au poids, comme il est procédé pour toute autre marchandise.

Les résultats obtenus déjà dans un certain nombre de localités, notamment à La Rochelle, montrent assez quels avantages on peut attendre de la coopération. L'établissement fondé dans cette ville avec un petit capital divisé en actions de 50 francs, a obtenu le plus entier succès.

Les actionnaires n'ont droit à aucun bénéfice ; ils reçoivent seulement l'intérêt à 5 0/0, du capital versé.

Le gérant est un boucher, il achète sur pied, chez l'éleveur ou à la foire ; les ventes se font toutes au comptant ; les bas morceaux, plus difficiles à écouler, sont vendus à des compagnies de militaires, à des forains ou à des associations ouvrières ; les peaux et suifs sont vendus dans les meilleures conditions. Le débit général de cette boucherie de famille est devenu assez important pour qu'on ne puisse craindre aucune perte dans l'avenir.

Un établissement semblable, constitué à Montaigu, a déterminé une baisse de 25 0/0 sur la viande débitée dans les marchés environnants.

Le prix le plus élevé du bœuf, d'excellente qualité, ne dépasse pas 2 francs le kilog et descend parfois à 0 fr. 65 c. Le taux d'achat est simplement augmenté, pour la vente, du montant des frais généraux, qui sont de 8 0/0 en moyenne.

Aussi, en quelques années, ces boucheries auront-elles remboursé la totalité de leur capital actions.

Il est de l'intérêt des pouvoirs publics de se rendre un compte approfondi des bienfaits de la coopération et de contribuer par des mesures libérales à son développement.

Les sociétés coopératives ouvrières doivent tendre à créer un capital. Ce point doit être leur but essentiel. Dans l'intérêt de la classe ouvrière, il est moins urgent de se fournir de produits au-dessous du cours que d'acheter des produits au cours et de toucher ensuite le bénéfice, qui est la différence entre le prix de vente et le prix d'achat.

Une société coopérative de consommation doit acheter le meilleur marché possible, pour céder à ses adhérents à peu près au prix courant; c'est la différence entre ce prix d'achat et celui de vente qui constitue le réel bénéfice. Ce bénéfice sera l'épargne de l'ouvrier; il peut également servir de moyen de résistance en cas de grève.

Les sociétés coopératives de consommation qui distribuent aux sociétaires la somme provenant de la différence entre le prix d'achat en gros et celui de la livraison a pour but principal que doit se proposer tout ouvrier coopérateur : celui de créer un capital.

Le capital ainsi obtenu par l'écart entre le prix d'achat et de vente, peut devenir considérable au bout d'une certaine période et peut être utilisé de plusieurs façons, tendant toutes à l'amélioration des conditions des travailleurs, en constituant des sociétés de secours, en formant, comme nous l'avons dit, une caisse de résistance en cas de grève.

Le mouvement coopératif a commencé en Angleterre et aux États-Unis, vers 1840. À cette époque, vingt-huit ouvriers anglais s'entendirent pour former un capital de 25 francs par tête, à l'aide de souscriptions hebdomadaires ; en 1846, ils n'étaient encore que 80. En 1850, ils sont 600 avec un capital de 60,000 francs, et ils ont réalisé près de 40 0/0 de bénéfice.

Depuis ce temps, les sociétés coopératives n'ont fait que progresser ; elles embrassent aujourd'hui un million de familles, par conséquent cinq à six millions de personnes, le sixième de la population des Iles Britanniques. Tous les ans, ces sociétés se réunissent dans des congrès qui sont des évènements de la vie publique en Angleterre.

Ces sociétés ont pour plus de 200 millions de capitaux qu'elles consacrent en partie à fonder des industries coopératives et qu'elles destinent même à acheter des terres et des fermes sur lesquelles ces sociétés produiront elles-mêmes toutes les denrées alimentaires : blé, légumes, fruits, viande, etc., nécessaires à la consommation de leurs membres.

Il existe également une grande association d'ouvriers américains qui porte le nom de « Table » ou « Saint-Ordre des Chevaliers du Travail » qui constitue une sorte de franc-maçonnerie fondée par un tailleur, Uriach Stephen, il y a dix-neuf ans ; elle compte aujourd'hui plus de 500,000 adhérents, et voici le but qu'elle s'est assignée par son programme :

1° De considérer la valeur morale et industrielle plutôt que la richesse comme base de la grandeur du pays ;

2° D'assurer aux travailleurs la pleine jouissance des richesses qu'ils produisent, ainsi que tous les bénéfices, plaisirs et récréations que peut donner l'association.

Et pour atteindre ce but, il commence par énumérer diverses mesures législatives à réclamer de l'Etat, telles que : création d'un bureau statistique du travail; assurance contre les accidents dans les usines ; prohibition de la main-d'œuvre étrangère ; défense de faire travailler dans les ateliers les enfants au-dessous de quinze ans.

Ces institutions coopératives, grâce à l'introduction d'un nouveau système industriel, nous permettraient d'arriver à l'abolition du salariat.

VIII. — La Prospérité de l'Agriculture est attachée au bien-être des Peuples

La question agricole est donc des plus graves, puisqu'elle intéresse la masse énorme des classes populaires répandues sur toute la surface du globe et par contre-coup le commerce, l'agriculture et l'industrie des nations civilisées.

La question du pain domine même, en certaines circonstances, les intérêts matériels des peuples, puisqu'elle peut soulever des conflits entre les producteurs et les consommateurs, entre les gouvernés et les gouvernants, entre les pays exportateurs et les pays importateurs. Conflit capable de modifier un régime politique, d'ameuter des populations entières, de troubler les bonnes relations de deux gouvernements.

C'est sur le marché du monde que se livrent aujourd'hui à coups de tarifs de douane, les batailles entre les peuples.

Et les batailles à coups de grains de blé sont les plus dangereuses.

Tous les pays de la vieille Europe occidentale : l'Angleterre, la France, la Belgique, la Suisse, l'Italie, l'Allemagne, ne produisent plus des quantités suffisantes de blé pour leur consommation, leur population s'est accrue, le progrès y a fait des pas de géant ; leurs habitants pauvres, leurs classes ouvrières ne veulent plus consommer le seigle, l'orge, le sarrazin ou d'autres aliments inférieurs.

C'est par la consommation, la production, la richesse générale, l'extinction du paupérisme et le bien-être des classes chez tous les peuples que l'on parviendra à relever d'une manière efficace l'agriculture.

En voulez-vous un exemple?

Empruntons-le à la France.

Pour la période de 1821 à 1830, la consommation du blé pouvait s'estimer à 60 millions d'hectolitres.

Vers 1850, elle atteignit 85 millions et elle s'élève aujourd'hui à 117 millions d'hectolitres.

Il en est de même dans tous les pays du monde : tous les peuples tendent à améliorer de plus en plus leur nourriture, on vend du pain blanc partout.

Et alors les pays nouveaux, au peuplement desquels nous avons assisté, prenant possession de grandes surfaces de terrain, vierge encore de toute culture, ont semé du blé, ont développé avec une rapidité surprenante cette production et sont venus sur les marchés de la vieille Europe offrir leurs récoltes à des prix si bas qu'ils provoquèrent les plaintes de nos agriculteurs.

Parmi les pays exportateurs, il faut placer en première ligne les Etats-Unis d'Amérique.

Depuis dix années, la moyenne de leur exportation est exactement de 26,500,000 hecto-

litres, le montant annuel de leur récolte s'élève
à 160 millions.

D'après M. François Bernard qui a publié,
dans le *Journal des Economistes*, une très
remarquable étude sur la production du blé
dans le monde, ces chiffres ne sont certainement pas le maximum de ce qu'on doit attendre. Toutes les surfaces disponibles pour la
culture du blé sont loin d'être épuisées et d'ici
quelque vingt ans, c'est à 200,000,000 d'hectolitres que s'élèvera la production, c'est
à 50,000,000 d'hectolitres qu'atteindra l'exportation annuelle.

L'Inde est le second pays exportateur. Avant
1870, son blé nous était totalement inconnu ;
en 1872-73, elle exportait 394,000 himdre-
weighs de 50 kilos 3/4 ; en 1885-86, elle en
exportait 21,061,000.

Dans une communication faite à la Société
d'Agriculture de France, le 18 août 1886,
M. Sagnier estimait à 25,000,000 d'hectares
la surface totale que le blé semble appelé à
couvrir dans l'Inde.

Or, la culture du blé en France qui est de
beaucoup la plus importante de toutes les cultures, ne couvre que 7,000,000 d'hectares.

Mais il est bon de faire remarquer, avec
M. F. Bernard, que l'exportation des blés
d'Amérique et de l'Inde se trouvera forcément
limitée par la consommation des habitants de

ces deux grands pays qui augmentent chaque jour.

Aux Etats-Unis, la population a plus que doublé en 30 ans. Elle était de 23,000,000 en 1850, elle passe à 31,000,000 en 1860, à 38,500,000 en 1870 et à 50,000,000 en 1880.

La consommation du blé est passée de 4 boisseaux par tête à 6 boisseaux (de 170 litres à 210 environ).

En France, la consommation par habitant est de 260 litres.

Dans l'Inde comme en Amérique, la consommation intérieure limitera prochainement l'exportation, les provinces qui cultivent le plus de blé, le Pendjab notamment, fait observer M. Bernard, consomment déja les 7/8 de leur production totale, et il y a dans le pays 240,000,000 d'habitants qui, s'ils mangeaient autant de pain que nous en mangeons, consommeraient 264,000,000 d'hectolitres de blé, ce qui exigerait plus de 60,000,000 d'hectares de culture.

C'est l'Australie et le bassin de la Plata qui occuperont sur le marché du monde la situation qu'y occupe aujourd'hui l'Amérique et l'Inde, quand la consommation de ces deux pays aura limité la consommation.

Il faut conclure, d'après ce mouvement qui se produit, que la situation de l'agriculture n'est nullement compromise. Que les agriculteurs ne se découragent pas; la crise agricole qui sévit actuellement est à la veille d'être conjurée. L'agriculture se relèvera en supprimant la misère et en portant la civilisation et le bien-être chez tous les peuples de l'ancien et du nouveau monde.

Les terres encore disponibles sont en Australie. Les exportations, à peu près nulles il y a 10 ans, se sont élevées à plus de 3,000,000 de quintaux métriques en 1884.

La Plata est aussi appelée, à brève échéance, à devenir un centre important de production ; ses exportations augmentent chaque année. En 1889 elles n'étaient que de 807,825 hectolitres ; elles s'élevaient à 1,450,000 en 1886.

Quant aux pays producteurs de l'Europe, ils sont peu intéressants. Citons seulement la Hongrie, la Roumanie et la Russie qui envoient sur nos marchés d'assez grandes quantités de blé, mais qui n'y jouent pas un rôle prépondérant. Voulez-vous savoir maintenant à quel chiffre s'élève la récolte dans le monde entier ?

D'après les documents recueillis à l'Agricultural-département de Washington, la production totale du blé dans le monde, en 1885, a atteint 738,673,285 hectolitres.

Quant aux quantités de blé qui sont déplacées annuellement pour répondre aux besoins des consommateurs dans les deux hémisphères, nous n'avons pas de données exactes. On estime à 30,000,000 d'hectolitres au minimum, soit près de 1/7 de la récolte, ce qu'il est nécessaire de transporter pour satisfaire à une bonne répartition en vue de la consommation.

· C'est cette bonne répartition que tous les Etats devraient assurer au lieu de se livrer la guerre à coups de tarifs de douane.

On connaît les effets de la loi du 29 mars 1887 qui a élevé le droit de l'importation en France des blés exotiques : le prix du pain augmente partout, c'est une conséquence grave sur laquelle nous ne voulons pas insister pour le moment, circonstance grave au point de vue social et au point de vue politique. Une hausse dans le prix du pain pèse toujours, en effet, très lourdement dans l'économie du budjet des classes populaires.

Nous avons montré l'intérêt qui s'attache à la question du pain dans le monde entier. C'est à notre Gouvernement à prendre les mesures nécessaires afin que notre agriculture puisse tenir la place sur le marché universel et que nos classes populaires aient toujours le pain au meilleur marché possible tout en sauvegardant l'intérêt et les droits de l'agriculture.

Il faut chercher le remède au relèvement de l'agriculture dans le développement de l'enseignement professionnel agricole et dans l'application de la science aux choses de la terre; ce serait quelque chose comme l'aube d'une ère nouvelle.

Il y a deux manières d'augmenter d'une façon effective le bénéfice net de l'agriculture et par conséquent de le mettre en état de lutter victorieusement contre la formidable concurrence étrangère.

Ces deux procédés consistent :

1° A diminuer les frais et les charges qui grèvent l'agriculture, ou tout au moins à l'aider des droits protecteurs, à établir l'équilibre entre sa situation et celle de ses rivaux privilégiés;

2° A augmenter et à améliorer les récoltes.

Il faut bien le dire, même en surtaxant les blés étrangers autant que cela se peut faire, sans que le prix du pain, c'est à dire la vie quotidienne de la foule des consommateurs en subisse le contre-coup, même en poussant les dégrèvements et les économies jusqu'aux dernières limites; ce serait se faire illusion que d'espérer réussir ainsi à placer nos cultivateurs sur un pied d'égalité avec les Américains du Nord ou avec les Canadiens dont il nous est matériellement impossible sur cette vieille terre de France usée, après de longs déroulements d'une histoire si coûteuse, si sanglante et si troublée, de reproduire jamais les exceptionnels avantages géographiques, économiques, politiques et sociaux.

Il est donc nécessaire de recourir à l'autre procédé : l'augmentation et l'amélioration des récoltes.

il va de soi, en effet, que si, grâce à l'emploi d'une méthode moins imparfaite et sans faire de plus grosses dépenses, le cultivateur français réussit à récolter sur chaque hectare, une plus grande quantité de blé et de meilleure qualité, il pourra vendre sans perte chaque hectolitre moins cher et par conséquent défier la concurrence.

Est-ce possible?

Oui, cela est possible. La terre de France ne donne pas tout ce qu'elle pourrait et devrait donner. Mieux aménagée, mieux cultivée, elle fournirait un rendement à confondre les imaginations les plus ambitieuses.

En voici un tout récent exemple dont l'éloquence significative ne pourrait laisser personne indifférent.

A la séance de l'Académie des Sciences du 12 novembre 1888, le savant M. Dehérain a rendu compte des expériences qu'il poursuit depuis trois ans sur la culture d'une nouvelle espèce de blé à épi carré, dont la quantité permet de le fumer énergiquement et de résister à l'averse.

Or, les résultats de ces expériences conduites par l'une des plus hautes notoriétés agronomiques, ont été, pour 1887-88, véritablement miraculeux.

Le rendement à l'hectare pour ces deux années, a été, en effet, de 25 hectolitres pour la région méridionale, de 35 hectolitres pour le centre et de 48 hectolitres pour les départements du nord.

Or, on sait que le rendement moyen des 7 millions d'hectares consacrés en France à la culture du blé, ne dépasse guère 150,16 hectolitres à l'hectare. Il s'en suit que la production est insuffisante et qu'il faut chaque année demander en moyenne, à l'étranger, une dizaine de millions d'hectolitres.

Grâce à l'emploi d'une variété de blé supérieure et d'engrais appropriés, M. Dehérain obtient une surproduction de 17 ou 18 hectolitres à l'hectare.

Cela ferait, au bas mot, 70 ou 80 millions d'hectolitres de plus chaque année, c'est à dire que grâce à la généralisation de la culture du blé à épi carré, sans recourir à d'autres moyens et sans attendre, la France pourrait non seulement se passer de l'importation étrangère, mais encore se livrer à une active exploitation.

Ce sont de semblables leçons que nos agriculteurs, malheureusement trop routiniers, négligent; mais qu'ils y pensent, c'est par l'organisation de l'enseignement professionnel agricole qu'on viendra à bout de conjurer la crise économique qui sévit depuis si longtemps sur notre pays.

Ce qu'il manque le plus à notre agriculture, ce qui lui rend la lutte si pénible et si défavorable, c'est encore l'ignorance, c'est l'absence

7

du savoir-faire, et la cherté des frais de transport des produits de toute nature.

Nous voudrions que l'Etat intervienne et signât une convention avec les compagnies de chemins de fer, afin d'abaisser sensiblement les frais de transport et abandonner toute taxe sur le transport des engrais.

Quand on voit toutes les grandes villes encombrées de fumier, de détritus et de vidange dont l'agriculture a tant besoin et qu'elle ne peut se procurer à cause des prix élevés des transports c'est à l'administration à veiller avec plus de sollicitude à l'utilisation des engrais si nécessaires à l'agriculture.

IX. — Création d'un Ministère du Travail.

On l'a dit : nous sommes dans le siècle du travail.

Nous sommes aussi dans une société qui a la prétention d'être organisée.

On y veille sur tout : la sûreté des rues, la navigation, les échanges le développement de l'instruction, les conditions de la propriété, les relations avec l'étranger, et sur mille choses.

Quant aux conditions du travail, aux relations entre les employeurs et l'immense armée des salariés, si vous demandez où est l'endroit qu'on s'en préoccupe, on répondra : nulle part.

Il y a des ministères pour toutes les manifestations de la vie sociale, il n'y a pas de ministère qui se rapporte à cette fonction primordiale : la création du produit, la transformation de la matière brute en objet de consommation.

Dans notre France qui a été si longtemps un pays précurseur, il n'y a pas de ministère du travail, et c'est encore une fois l'Amérique qui vient de se placer à la tête du progrès sur ce point.

Ce ministère a été institué aux Etats-Unis sous le nom de département fédéral du travail. Il existe également en Angleterre monarchique par son Board-of-broad; en Belgique et en Suisse, par leur commission du travail.

Nos législateurs doivent s'associer à la proposition de la création d'un ministère du travail, dont les attributions, très étendues, comprendraient tout ce qui intéresse l'existence matérielle, morale et sociale des ouvriers.

La logique même de l'histoire commande la création d'un ministère du progrés ayant pour mission spéciale de mettre la révolution en mouvement et d'ouvrir la voie qui mène aux horizons lumineux.

Supposons que ce ministère soit créé et qu'on y constitue un budget, en remplaçant la banque de France par une banque nationale et en mettant les bénéfices qui, aujourd'hui, ne font que grossir la fortune de quelques opulents actionnaires au service du prolétariat affranchi.

De plus, en faisant rentrer dans le domaine de l'Etat les chemins de fer, mines, canaux, etc., etc., en centralisant les assurances, en appelant pour ainsi dire à l'œuvre de l'émancipation sociale les puissances réunies du crédit, de l'industrie et du commerce.

Le budget du travail, formé comme il vient d'être dit, serait affecté, en ce qui concerne le travail des villes, à l'établissement d'ateliers sociaux dans les branches les plus importantes de l'industrie.

Cette opération exigeant une mise de fonds considérable, le nombre des ateliers sociaux originaires serait rigoureusement circonscrit; mais en vertu de leur organisation, ils seraient doués d'une force d'expansion immense.

L'Etat se servirait de l'arme de la concurrence, non pas pour renverser violemment l'industrie particulière, ce qui serait intéressant par-dessus tout à éviter, mais pour l'amener insensiblement à composition.

Bientôt, en effet, dans toutes les sphères de l'industrie où un atelier social aurait été établi, on verrait accourir vers cet atelier, à cause des avantages qu'il présenterait aux sociétaires, travailleurs et capitalistes. Au bout d'un certain temps, on verrait se produire, sans usurpation, sans injustice, sans désastres irréparables et au profit du principe de l'associa-

tion, le phénomène qui, aujourd'hui, se produit si déplorablement et à force de tyrannie,
au profit de l'égoïsme individuel.

Un industriel très riche aujourd'hui, peut,
en frappant un grand coup sur ses rivaux, les
laisser morts sur place et monopoliser toute
une branche de l'industrie. Dans notre système, l'Etat se rendrait maître de l'industrie
peu à peu, et au lieu de monopole, nous au-
rions pour résultat du succès la défaite de la
concurrence.

Etant donné les inégalités profondes que le
décret de liberté économique, issu de la Révolution de 89, en suractivant la transformation industrielle à créer, il est donc conforme à la justice démocratique que l'intervention des pouvoirs publics se produise en faveur
des faibles, des dépossédés ; ce n'est qu'à cette
condition que la liberté individuelle, base de
la liberté publique, peut être sauvegardée.

*

X. — EXTINCTION DU PAUPÉRISME

Une des premières, une des plus urgentes
parmi les réformes sociales, c'est l'extinction
du paupérisme.

Dès que la société élévera au pouvoir des
hommes véritablement à la hauteur des problèmes sociaux, l'extinction de la misère sera

un des premiers sujets de préoccupation de
nos gouvernants.

Le paupérisme, en effet, est la question sociale la plus sérieusement digne de l'homme
d'Etat et du législateur. Assurer l'existence
matérielle des citoyens est le point de départ
de tous les autres bienfaits.

La société prend des mesures pour garantir
la tranquillité publique, pour protéger les individus contre les outrages et la violence.
Elle cherche à préserver les citoyens de l'ignorance par l'instruction publique. Pourquoi ne
se ferait-elle pas plus protectrice encore de la
vie humaine, en assurant chacun contre la
faim et le dénûment.

Pourquoi ne donnerait-elle pas aux institutions existantes les proportions voulues pour
satisfaire complètement aux besoins auxquels
jusqu'ici on ne répond qu'en partie? Pourquoi
ne donnerait-elle pas à ces institutions les
compléments propres à caractériser l'organisation de la fraternité entre les citoyens.

Il existe une catégorie d'individus dépourvus
de tout, ne possédant ni capitaux à faire fructifier, ni intelligence pour produire, ni réserves
antérieures. Privés de travail et ayant souvent la meilleure volonté d'employer les forces
que la nature leur a donné pour les luttes
journalières de l'existence, mais d'une intelligence étroite, d'un esprit borné, d'un caractère faible, n'osant aller solliciter du travail,

ils attendent qu'on vienne leur en proposer et se laissent ainsi surprendre par la misère qui les conduit bien' t au plus noir désespoir.

Actuellement, c'est précisément cette catégorie qui compose la grande masse de la nation qui est livrée à elle-même, à son ignorance, à ses passions, à l'exploitation sous toutes ses formes.

On répète sans cesse que tout le monde peut vivre en travaillant, il n'y a que les paresseux et les débauchés qui chôment, c'est généralement de la faute du travailleur s'il souffre, etc.

C'est encore et toujours une erreur : beaucoup d'honnêtes gens qui le voudraient ne trouvent pas à s'occuper, soit pour une cause, soit pour une autre.

La première est l'excès de production par la rapidité des machines qui réduit dans d'énormes proportions le travail manuel.

Tantôt c'est parce que celui qui pourrait les utiliser n'y est pas disposé et remet tout au lendemain ; tantôt, c'est un caprice, une fantaisie, une indécision quelconque qui les met en chômage.

C'est ainsi que sous prétexte que les blés d'Amérique avaient un rendement légèrement supérieur aux blés français, nous avons pu voir, pendant des années, l'administration de la guerre délaisser nos blés indigènes et aider par cette mesure à la ruine de l'agriculture et au chômage d'un grand nombre d'ouvriers.

C'est ainsi, encore et toujours, que des administrations, des sociétés et des particuliers, soit par sottise ou autrement, sous prétexte que certains produits étrangers leur offrent des avantages, mettent en péril le travail national, dans tous les cas lui enlèvent une partie de ses ressources et livrent le travailleur à la misère sans plus de scrupules; tous ces gens là s'imaginent avoir rempli leur devoir.

Quelle est alors la condition et quelle doit être le sort de cette classe si nombreuse des impuissants ?

La société a-t-elle pour obligation de leur venir en aide, ou la science économique doit-elle se désintéresser de cette question et laisser à la charité privée le soin de donner volontairement des moyens d'existence à ceux qui ne peuvent s'en procurer par le travail qui leur manque et les plonge dans la plus noire misère.

C'est là un des problèmes les plus graves et des plus obscurs de la science sociale, car il touche à la fois au domaine du pouvoir et à la limite de la bienfaisance.

La société humaine, en face de l'indigence par le manque de travail, quelle matière à méditer pour le philosophe et l'homme d'Etat!

Le problème à résoudre renferme en lui-même le secret des destinées futures de l'humanité et de la paix du monde ; la politique n'a pas de question plus élevée et plus grave que celle-là.

La société et l'indigence en face l'une de l'autre, étonnées de se rencontrer, l'une avide de bien-être, l'autre succombant sous le poids de la misère, l'une tour à tour suppliante et menaçante, l'autre émue, alarmée, quels rapports vont s'établir entre elles ; quelles seront leurs actions et leurs réactions mutuelles ? La responsabilité de celle-ci, les droits de celle-là ? De quelle puissance la société jouira-t-elle pour accomplir sa mission ? Lui sera-t-il donné de délivrer l'humanité des misères qui l'affligent. C'est à l'Etat de répondre, car si une société s'émeut à la vue du danger qui menace la paix, l'ordre et la sécurité, à plus forte raison doit-elle s'émouvoir à la vue du vice et de la misère, marchant de pair. Et si par malheur l'Etat se désintéressait de la plus grave des questions sociales, il ouvrirait la portes aux plus épouvantables catastrophes, aux commotions les plus terribles.

Ici encore, c'est à l'Etat qu'incombe la responsabilité de tels désordres et à qui revient le salut de cette classe deshéritée, en lui procurant des moyens d'existence avouable, en assurant la sécurité du lendemain par un travail rémunérateur afin qu'elle ne soit pas sous la suggestion de perfides conseils qu'elle reçoit de misérables souteneurs qui essaient d'exploiter sa naïveté et sa crédulité. Souvent la police ferme les yeux sur des actes répréhensibles.

Il faut établir à cet effet une police sévère qui aura pour mission de purger la société du triste et dangereux état de vagabondage et supprimer radicalement la mendicité.

Tout individu devra justifier de ses moyens d'existence. Mais avant d'opérer ce salutaire remède, il faut procurer aux classes pauvres les moyens d'existence que souvent on cherche et ne trouve pas. On les demande alors au vice, à la débauche, à la mendicité, souvent aussi au vol et à l'assassinat.

C'est au ministère du travail, que nous avons cité plus haut, qu'incomberait la tâche de cette organisation du travail.

Toutes les grandes exploitations, industries, chantiers de construction et ateliers de toute nature qui ne peuvent être divisés, tels que : chemins de fer, mines, etc., qui ont été concédés par l'Etat à de riches sociétés et qui constituent un révoltant privilège, devraient être rachetés par l'Etat et placés sous les ordres du ministère du travail, qui serait en même temps chargé d'acheter des usines, des domaines agricoles disponibles quand les circonstances se présenteraient et autant que le permettraient ses ressources.

Ces usines, ces domaines seraient mis, avec un fond de roulement suffisant, entre les mains de groupes composés exclusivement de citoyens français ou naturalisés. Les groupes seraient formés par chaque industrie d'hommes compétents et choisis. Là, nos agronomes, nos ingénieurs seraient des directeurs précieux. Tous les ouvriers sans travail y seraient reçus et y trouveraient des emplois de toute nature, selon leurs forces et leurs aptitudes.

De cette manière, le vice et la mendicité n'auraient plus d'excuse.

Tout ouvrier qui refuserait le travail que la société lui procurerait et qui ne pourrait justifier de l'honnêteté de ses moyens d'existence serait rigoureusement poursuivi comme vagabond et la tutelle de ses enfants lui serait enlevée comme étant indigne d'en faire des hommes. Ces derniers seraient placés sous la protection de l'Etat.

C'est alors qu'on verrait diminuer la criminalité, la dégradation des familles entières qui est une honte pour notre civilisation moderne.

Etablir ensuite une caisse de retraite pour la vieillesse et une assurance pour les invalides du travail et les maladies accidentelles.

La mutualité, organisée dans la commune, le département, l'atelier, et garantissant chacun des citoyens contre la misère et le dénûment, ce serait l'œuvre de la politique convertie en un excellent socialisme.

L'organisation de la mutualité exige :

1° La liberté de l'association et l'appui de l'Etat ;

2° La participation active des individus à l'organisation et à l'administration des assurances ;

3° Les ressources nécessaires au fonctionnement de l'institution :

1° Une contribution de tout citoyen en état de se suffire forme le premier fond de chaque assurance ;

2° Que l'Etat mette la contribution du salaire sous la responsabilité de la ferme, du chantier, de l'atelier, de la fabrique, de l'usine, de tous les établissements, enfin où il faut des salariés ;

3° Que l'Etat, de son côté, verse une somme proportionnelle ;

4° Que, dans les successions, l'héritage restitue à l'Etat la part due au travail.

En songeant aux admirables résultats de la mutualité, le cœur du philanthrope déborde de joie. Quoi! cet or accumulé ne sera plus entre les mains des spéculateurs, il ne servira plus à faire fondre de nouveaux canons ? Non, ces richesses sont destinées à procurer aux travailleurs honnêtes et économes le bien-être et l'indépendance qu'ils auront mérité par une longue et laborieuse carrière.

Effacer la misère par l'organisation de la mutualité nationale aidée des ressources du

domaine social, ce n'est pas seulement un devoir qui s'impose au nom de l'aide et de l'assis-
tance que nous devons à nos semblables, c'est
un acte d'équité et de restitution.

Toute créature humaine apporte en naissant
le droit à la vie; c'est ce droit qu'il appartient à nos hommes d'Etat, à nos gouvernants ou nos législateurs, de consacrer d'une
façon effective en instituant la mutualité nationale.

On verrait alors renaître notre société à la
vie morale, à la lumière qui croupit dans ce
hideux dessous social. Au règne des vils exploiteurs du genre humain, succéderait un
bien-être matériel et moral qui serait la force
et le soutien de la démocratie naissante, au
lieu d'en être l'abaissement et la destruction.

***

XI. — ASSURANCES MUTUELLES

La prévision humaine a des limites étroites.

Les calculs les mieux combinés, les plus
sages précautions, se trouvent souvent dé-
jouées par les éventualités brutales, les accidents, les malheurs, la mort.

C'est un des côtés les plus intéressants du
socialisme pratique, que l'étude de porter remède aux calamités qui, brusquement, viennent frapper les travailleurs, calamités d'autant plus terribles dans leurs résultats, que la

plupart du temps, les victimes directes, lorsqu'elles disparaissent, laissent derrière elles
des femmes, des enfants, des vieillards, autres
victimes aussi intéressantes et plus nombreuses.

En Allemagne, M. de Bismarck, autoritaire
avant tout, n'a pas hésité à rendre l'assurance
obligatoire pour les ouvriers.

C'est du socialisme d'Etat ; qu'ils le désirent
ou non, les ouvriers sont embrigadés dans
l'assurance comme ils le sont dans la land-
wehr.

De plus, comme les compagnies d'assurances
sont de la part de l'Etat l'objet d'une surveillance la plus étroite, il n'est pas inexact de
dire que l'épargne et les destinées pécuniaires
de la classe ouvrière sont placées à la portée
de la main du gouvernement.

De l'autre côté du Rhin, cela s'accepte ou se
subit.

De ce côté-ci, pareille organisation courrait
peu de chance d'être appréciée par le suffrage
universel.

En France, nous ne sommes pas encore assez accoutumés à l'action de l'initiative individuelle sur l'ingérence administrative, pour
être hostile en masse à une organisation de
l'assurance par l'Etat.

Mais si nos tendances économiques sont
encore assez arriérées, à ce point de vue, nous
avons, par contre, un si vif sentiment de la

liberté, que nous nous éloignons instinctive-
ment de tout ce qui porte le caractère de l'arbitraire. Nous n'aimons pas qu'on nous contrai-
gne à quoi que ce soit, même à être heureux.

Souvent, un ouvrier détermine une explo-
sion qui parfois ruine l'association, ou tout
au moins compromet gravement ses intérêts.

Un ouvrier imprudent s'approche, sans les
précautions nécessaires, d'un mécanisme qui
le saisit, l'aspire en quelque sorte et le broie.

Dans un cas comme dans l'autre, la société
aurait à supporter les conséquences des fautes
d'autrui.

Cette législation est inadmissible ; les ouvriers eux-mêmes ne sauraient s'en montrer
partisans, car elle est attentatoire à leur dignité
et à la sécurité de leur association.

Combien aimerions-nous mieux l'accord qui
règne loin de toute contrainte administrative,
par suite de contrats librement consentis, autrement dit le système des assurances collec-
tives.

Le mécanisme de ces sortes d'assurances
est des plus intéressants à faire connaître et à
propager.

L'association contracte une police en vertu
de laquelle la compagnie d'assurances s'en-
gage à payer un capital fixe en cas de mort
d'un ouvrier, par suite d'un accident survenu
pendant le travail ; si l'accident n'a pas de
suite mortelle, mais entraîne une incapacité

de travail dans la même profession, la compagnie payera à l'intéressé une rente viagère de
400 à 500 francs. En cas de mort, un capital
de 5,000 francs à la famille.

Ce qui donne à cette combinaison très simple un caractère essentiellement moral, c'est
que les associés concourrent dans de justes limites au payement de la prime d'assurance,
moyennant une retenue de 2 0/0 prélevée sur
le dividende.

Pas plus que le livret de caisse d'épargne
postale, que le bon d'épargne, ne sont une garantie d'aisance, l'assurance du travailleur, un
remède souverain à opposer aux conséquences
des dangers qui naissent de l'exercice du plus
grand nombre de professions manuelles.

Mais c'est tout au moins un puissant pallia-
tif pour vulgariser les bienfaits, tout d'abord
parce qu'il y a une influence matérielle des
plus efficaces, et ensuite parce qu'il découle
des principes absolument moraux de la solidarité collective unie à la prévoyance individuelle.

Voilà la vraie question sociale à résoudre.

CONCLUSION

———✕———

Après la lecture de ce livre, je réclame de mes lecteurs toute l'indulgence de leur appréciation sur les différentes questions économiques et sociales que j'ai traitées dans le cours de cet ouvrage.

Je pourrais être taxé d'hypocrisie de la part d'un grand nombre.

Il est de mon devoir de faire cesser toute équivoque à ce sujet, en déclarant que les idées que je viens de formuler sont l'écho le plus sincère de ma pensée, et je les regarde comme essentiellement nécessaires à la justice et à la sécurité de la société.

Je crois fermement qu'une République démocratique et sociale est aujourd'hui le seul gouvernement possible en France. Le nier serait provoquer des bouleversements qui pourraient porter atteinte à la liberté et à l'ordre social.

Le devoir de tous les hommes d'ordre est de travailler à l'amélioration du régime accompli et non le combattre et le renverser ; et puis, pour détruire une chose, il faut savoir quelle autre on doit lui substituer.

Les hommes ne pourront-ils jamais s'entendre sur les grands principes de liberté, de jsutice, d'égalité et d'indépendance? Par l'accord de la conscience avec les devoirs et les droits de chacun, la légalité et le respect mutuel des hommes naîtra indubitablement la concorde, la paix, le bien-être et la prospérité intérieure.

C'est à ces conditions seulement que se fera l'union, la concorde, la soumission de tous les citoyens aux lois équitables qu'ils auront eux-mêmes promulguées, et là seulement est la vitalité d'une grande nation.

CHAMOIN.

TABLE DES MATIÈRES

CHAPITRE IV

CHAPITRE V

SOLUTION DU PROBLÈME SOCIAL PAR L'ASSOCIATION

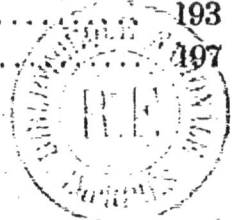

Ouvrage du même Auteur

— ✳ —

MŒURS & CARACTÈRES

DE

NOTRE SOCIÉTÉ MODERNE

En préparation

— ✳ —

LA STABILITÉ DES ÉTATS

PAR LE

DROIT DES PEUPLES A L'EXISTENCE